Los bienaventurados

María Zambrano

Los bienaventurados

Introducción de Rosa Mascarell Dauder

Esta edición reproduce la fijación del texto realizada por Karolina Enquist Källgren, Sebastián Fenoy Gutiérrez y Jesús Moreno Sanz en el Tomo 2 Libros (1977-1990) del Vol. IV de las OO.CC. de María Zambrano, 2019.

Diseño de colección: Estudio de Manuel Estrada con la colaboración de Roberto Turégano y Lynda Bozarth
Diseño de cubierta: Manuel Estrada
Fotografía de Javier Ayuso

Reservados todos los derechos. El contenido de esta obra está protegido por la Ley, que establece penas de prisión y/o multas, además de las correspondientes indemnizaciones por daños y perjuicios, para quienes reprodujeren, plagiaren, distribuyeren o comunicaren públicamente, en todo o en parte, una obra literaria, artística o científica, o su transformación, interpretación o ejecución artística fijada en cualquier tipo de soporte o comunicada a través de cualquier medio, sin la preceptiva autorización.

PAPEL DE FIBRA
CERTIFICADO

© Fundación María Zambrano, 2019
© de la introducción: Rosa Mascarell Dauder, 2022
© Alianza Editorial, S. A., Madrid, 2022
  Calle Juan Ignacio Luca de Tena, 15
  28027 Madrid
  www.alianzaeditorial.es

ISBN: 978-84-1362-611-6
Depósito legal: M. 27.751-2021
Printed in Spain

Si quiere recibir información periódica sobre las novedades de Alianza Editorial, envíe un correo electrónico a la dirección: alianzaeditorial@anaya.es

Índice

9 Introducción, por Rosa Mascarell Dauder

Los bienaventurados

21 Introducción
29   I. El árbol de la vida. La sierpe
41   II. La corona de los seres
45   III. El exiliado
65   IV. El filósofo
87   V. Los bienaventurados
97   VI. El místico
105 VII. La respuesta de la filosofía
131 VIII. Las raíces de la esperanza

Introducción

El despertar de la conciencia es, para Zambrano, un viaje ritual que se manifiesta en un alumbramiento. En *Antígona* lo desarrolla en tres fases, tres mundos que se deben transitar para llegar a la conciencia: el primero son *los ínferos,* el espacio de los muertos, de aquellos que nos han precedido y cuyo legado pesa en nuestros hombros; el segundo es *la tierra,* el aquí y ahora con sus laberintos de familia e historia; y por último, *la aurora* de la conciencia que llega tras el sacrificio de haber pasado por todo. Así tenemos una urdimbre de tres tiempos, el pasado como infierno, el presente como laberinto y el futuro como luz auroral, los tres tejidos en el nacimiento de la conciencia. Y añade un tiempo más, «el tiempo de olvido», el tiempo que es un vacío que permite acoger los otros tiempos. «Con este olvido se les da tiempo», el tiempo necesario para recibir la «revelación, claros que se abren en el bosque de la historia». Debido a estos momentos de revelación, la historia es discontinua, la nuestra propia, la de cada persona y la de la historia en común en la que se dan tiempos de oscuridad en los que se va gestando algo que «cambiará el mundo». Sin la discontinuidad, «la historia quizás no existiría o sería muy diferente, una mera acumulación o duración superpuesta a la vida». La vida es discontinua pero el método es continuo, así lo afirma en su libro más conocido, *Claros del bosque.* Por ello propone un método al estilo musical en el que tengan cabida también los vacíos y los silencios y nos lo ofrece ejemplarmente en *Los bienaventurados,* seres para quienes «las cosas suceden dos veces: cuando se *sufren* y cuando se *conocen*», saben crear el silencio que propicia la escucha porque son seres «cuya pasión es el conocimiento».

En su propia introducción a *Los bienaventurados,* nos advierte Zambrano contra el peligro de que la filosofía se confine en lo «eminentemente profesoral», en clase magistral sin escucha. Es un ataque directo a la academia, que la seguía apartando con diferentes excusas. Para ella, la filosofía debe vivirse, es *pathos* y *logos* dirigido a la persona, a cada una «sin aglomeración». Por eso ella buscó siempre un lenguaje nuevo, enraizado en la poesía y la novela, para llegar a cada corazón. «Novela y poesía han reflejado, mejor que el conocimiento histórico, el verdadero pasar, la verdad de las cosas que le pasan al hombre y su sentido íntimo», nos dice en *Para una historia de la piedad*. Así es como ensaya escritos como los de *Antígona* o *Diotima,* bienaventuradas en las que se retrata poética y vivencialmente. Todos *Los bienaventurados* tienen algo de María. No son delirios, son memorias de aquello que fue o quiso ser. María intuye que éste será el último libro que publique en vida. Podría escoger entre los libros que tenía hilvanados, *Los sueños y el tiempo* o *Historia y Revelación,* y optó por el más personal, en el que podía hacer repaso de su vida y dejar testimonio. Ella es todos sus bienaventurados: el exiliado, el filósofo y el místico.

«Al final de la tarde / no vale lo que queda / sino el impulso mágico / de la verdad completa», nos dice Ernestina de Champourcin, poeta de la generación de María Zambrano, la llamada del 27 o la de la II República. Y sabemos que para Zambrano el signo supremo de veracidad es el sentir y ésta será *la historia más verídica,* la que nos libere del hermetismo y de la mentira en que resulta muchas veces la narración de nuestra vida por no querer hacer frente al fracaso. El bienaventurado no teme al fracaso, quizás está instalado en él, y la piedad que manifiesta como fundamento de todo su sentir empieza siendo piedad por sí mismo. Ésta consiste en saber tratar con lo radicalmente diferente, no es simplemente tolerante, pues «la tolerancia no es comprensión ni trato adecuado, es el mantener a distancia respetuosamente, eso sí, aquello con lo cual no se sabe tratar». Y el bienaventurado no se mantiene a distancia, quiere entenderse con cada una de las múltiples maneras en las que se presenta la realidad. Quiere entenderse con el misterio. Al fin y al cabo, ¿es posible comprenderse?, preguntaba un sabio alemán. María Zambrano contestaría que sí si contamos con la piedad, sí si somos seres bienaventurados, porque ellos saben tratar con el misterio que nos funda.

Para María Zambrano, a lo largo de la vida, los momentos de vacío, de impás, son los más decisivos: o bien vemos claramente, tomamos conciencia, o bien construimos «castillos de razones» para no ver la realidad, la temida realidad a la que no nos queremos enfrentar cara a cara. Por esta causa damos rodeos y nos obsesionamos con preguntar y razonar, dar razones que son más bien un simulacro de conocimiento, una *para-noia,* un empeño en dar explicación a lo que no queremos ver. Para Zambrano la realidad se manifiesta de forma múltiple y por ello no la podemos reducir a una sola razón. La compara con la órbita de la luna y sus caras de la que sólo vemos una, y no siempre de forma completa: «es múltiple la imagen aunque sea una sola».

La multiplicidad de los tiempos es clave para entender a Zambrano. El tiempo es sentido «como música anterior a toda música», de ahí *La metáfora del corazón* y el respirar como ejemplo del tiempo discontinuo y múltiple: «esta pausa imperceptible [del corazón] es un respiro», una cesura entre una situación y otra que nos permite inspirar y espirar, simplemente sosegarse quizás de todo lo pasado. Después de ese respiro de serenidad, «ver lo que el tiempo ha causado ya es un juicio».

Precisamente es en *La metáfora del corazón* donde nos describe más lúcidamente a los bienaventurados: seres que se manifiestan sin reflexión alguna, con inteligencia y corazón unidos, en el «recogimiento unificante de la mente con el ser». Seres que crean el silencio donde es posible la escucha. Son «presencia y nada más», dotados de un corazón inocente que les hace únicos para habitar el universo, libres porque *se* conocen: «el corazón mediador, que proporciona luz y visión, ha de conocerse». «Carne y tiempo envuelven al ser humano cruzándose, a veces, como enemigos», nos dice en *Claros del bosque;* por tal razón son importantes los vacíos, los silencios que crea el bienaventurado, las treguas en medio de la batalla que nos permiten sentir la carne y escuchar al cuerpo. Por eso el bienaventurado no es el loco, aunque sí el idiota que dice que el rey está desnudo. Ni se engaña ni se equivoca con la realidad y sus convenciones. Al final, ese ver clara la realidad es lo que le permite vivir el momento, el ahora, y por tanto le cabe la posibilidad de disfrutarlo; en esto consiste la felicidad. La persona bienaventurada es la persona feliz, feliz con lo que es y con lo que hay. ¿Un personaje insólito? Es posible, pero la felicidad ha sido la búsqueda más constante de la humanidad, la que más literatura ha generado, pero solo son bienaventuradas las personas que aceptan lo insólito de la vida, y el fracaso.

El libro se abre con «El árbol de la vida, la sierpe». De los dos árboles del paraíso, el de la ciencia y el de la vida, María Zambrano elige el de la vida. Y aquí hemos de recordar la influencia del místico, filósofo y beato mallorquín Ramon Llull (1232- 1316), bien leído por Zambrano. El *Árbol de Filosofía de Amor* de Llull empieza con una imagen muy gráfica: Ramon encuentra a Filosofía de Amor, una mujer, en el claro de un bosque de París sentada al lado de una fuente llorando. Su lamento era por los hombres de ciencia que habían olvidado y descuidado que el amor es el primer impulso hacia el saber y lo sustituían por el beneficio propio de manera que «el mal acaba desbordando el mundo». Así, después de siglos asumiendo ese lamento, todo se vuelve «color de imperio, de comercial imposición», nos dice Zambrano en *Los bienaventurados*.

En este libro de Zambrano encontramos diversos estilos de escritura. Algunos nos invitan a una lectura alegórica y contienen símbolos que se repiten en diferentes escritos suyos. Utiliza la licencia clásica de personificar conceptos abstractos, como el árbol, la sierpe, la espiral, la corona, las raíces, el agua... y el color blanco, que ella vestía tan a menudo y con el que la enterraron. Al igual que Llull y tantos filósofos-místicos, utiliza el recurso de describir el camino de la propia vida en clave simbólica: es su manera de convertir la experiencia en saber y la confesión en guía a través de la escritura.

Existe constancia de que ella empieza a escribir conscientemente *Los bienaventurados* el 28 de abril de 1974, pero realmente comienza a gestarse desde la muerte de su hermana Araceli en 1972, su ángel a partir de aquel momento. En pleno duelo, piensa que su hermana es ya un cuerpo glorioso, es decir, con las cualidades de inteligencia, claridad, impasibilidad y sutileza. Piensa que el cristianismo ha enaltecido la santidad cuando es de las bienaventuranzas y los bienaventurados de lo que trata de verdad el cristianismo. A la muerte de Rafael Dieste, lo retrata también a él como bienaventurado y nos da pistas de las cualidades que lo definen en vida, antes de convertirse en cuerpo glorioso, y que serían: la plenitud, la naturalidad, la gracia, la compostura, la sabiduría y la paz, la paz que se comunica al estar a su lado.

No pensemos que hablar de cuerpo glorioso tras la muerte significa negar el cuerpo aquí en la tierra, antes bien, es reivindicar el cuerpo aquí y allá. No se puede vivir con prohibiciones sobre nuestro cuerpo, y lo dice una mujer, ¡hay que danzar! La danza es expresión de gozo. ¿Por qué no es todo baile y felicidad? En «El exiliado» nos lo dice: «la Historia

Universal se ha constituido a costa del Hombre Universal» y la persona concreta está exiliada, sobra. Vivimos en la era de lo explicable por razón de autoridad y no hay que confundir lo cognoscible con lo explicable. María Zambrano aboga por una razón que dé voz también al padecer, a lo sentido, a lo sagrado y a la poesía, mediante una argumentación racional y con un lenguaje comprensible, pero que integre los misterios de la vida, que no los borre por inexplicables. Y aquí entraría el libro que dejó inacabado pero que se vislumbra en muchas de las páginas de *Los bienaventurados*: *Historia y Revelación*.

Zambrano describe al exiliado, al místico, al filósofo, al poeta, al bienaventurado en tercera persona, como lo hacía también Ramon Llull, como lo hizo ella hablando de sí misma en *Delirio y Destino*. Se distancia de sí misma, se ve desde la tercera persona, para poder mirarse y narrarse con cierta distancia. La distancia necesaria para convertirse en testigo y referente, y crear puentes para la esperanza.

Rosa Mascarell Dauder

Los bienaventurados

*A la Fundación que lleva mi nombre,
que me permite tiempo y paz para este mi escribir.*

Introducción

Desde siempre, lo que se percibe por la visión y el haberla han sido tenidos por máximamente sospechosos en el reino de la religión, y más todavía en el del pensamiento. Pues que la razón imperante en este nuestro Occidente ha reproducido, y aun agravado, las condenas de la religión. Nada más riguroso que el «imperativo categórico» kantiano. Y si no más riguroso, más renunciador aún es el positivismo en todas sus formas, y naturalmente en la más extrema: el método fenomenológico. El ascetismo filosófico, al menos en su línea oficial, supera sin duda las condenas intelectuales impuestas por el tribunal correspondiente –cuyo nombre se resiste a pasar a esta página– de la Religión imperante. Se entiende, naturalmente, que los medios de coacción dimanados de la filosofía sólo tienen imperio allí donde nadie se atreve a mirar cara a cara a la verdad que se le acerca o le llama, sin renegar ni tan siquiera renunciar a la filosofía misma, a su imperecedera tradición, y a ese voto de pobreza virginal que la ha mantenido, aunque a veces se enmascare tras el rigor, la nitidez y la claridad que exige implacablemente, y sobre todo en su manifestación congénitamente profesoral en este Occidente.

Visión es imaginación o, aún peor, fantasía; y es en el sujeto en quien se da la confusión en el doble sentido de serlo por sí misma y de confusión entre el ver y el pensar; irrupción más bien, diríamos, del ver en el pensar. Confusión en el primer sentido, es decir, en sí misma, por arrastrar una carga de sensualidad, aunque el sensualismo filosófico poca visión ha tenido o ninguna. El sensualismo, ya desde los epicúreos en Grecia, renuncia paradójicamente a la visión. Sólo el poeta Lucrecio transgredió los límites filosóficos y nos dejó indeleble la visión del mundo; sólo él nos ha ofrecido la danza en la ceguedad del sentido de los átomos.

Inevitablemente, tras del largo período racionalista, había de surgir en la filosofía el modo de abrazar y no de reducir la unidad al conocimiento que nunca se ha dejado de apetecer, el conocimiento poético en que la imaginación y el sentido íntimo tienen colaboración y alimento. Durante la Edad Media, la filosofía escolástica pudo prescindir de él, teniendo al lado una cosmología, y antes, una cosmogonía, dada por la revelación del Génesis. La filosofía moderna, origen de la física matemática, se queda en soledad para dar una imagen del cosmos. Y, al desprenderse por completo de la revelación, queda librada a sí misma, como quería. Y el hombre que a la filosofía o a la ciencia se acoge, aun el hombre común que respira este clima, queda librado a su soledad humana, a la soledad del género humano sin cosmos y sin revelación. Y aquellos que vivían dentro aún de una religión determinada quedan escindidos, separados del pensamiento filosófico-científico y del ambiente intelectual y moral que de ellos emana, creyendo a medias y por partida doble.

Queda la poesía, depositaria del mundo llamado de la fantasía; y la fantasía, confinada a ser invención sin crédito alguno de que su ofrenda de conocimiento sea aceptada cuando, tímida o encrespadamente, la ofrece. En el Romanticismo nórdico, especialmente el alemán y el inglés, la poesía a solas tiene que rememorar el orden sagrado que toca a los sentidos, al sentir todavía más, a la imaginación y a la misma memoria. Tiene que rememorar a los dioses de Grecia, a las almas, a los personajes, a los sentires que buscan encarnarse en ellos. Nacen los grandes personajes en el llamado período Barroco. No son ya procedentes de los Autos Sacramentales, ni de los Misterios que delante de las catedrales y aun en las catedrales mismas se representaban. Mas los dos grandes personajes del teatro barroco español, *El condenado por desconfiado* y *El convidado de pie-*

dra, se han salido de ese recinto. Y del último, el autor tuvo que hacer la versión profana, lo que es tan grandemente significativo acerca de lo que andamos diciendo.

Es la pasividad la que no ha sido tenida en cuenta ni por el pensamiento ni por la poesía apenas, ni mucho menos por la moral. Todo es acción. Y, sin embargo, los preceptos religiosos tradicionales siguen ahí, impasiblemente, sin ceder. «No, no», el *cogito* ancestral está compuesto de prohibiciones. El Evangelio no se sabe bien; pues que, en esta lucha declarada y al par inconsciente, lo creador ha quedado para los muchos, y su moral, invisible. Rescatar la pasividad despertándola. La pasividad, alma vegetativa, según este olvidado pensamiento aristotélico, había quedado librada a sí misma, lo que ella menos apetece. Y la materia, a su vez, suelta, lo que contraría a su condición, lo que menos en su condición está, pues que apetece, como todo lo vivo, ascender. Y la materia apetece ser sustancia, «está dotada de privación», dice el joven Aristóteles. Y lo que le falta es ser sustancia. Y cuando es sustancia primera, si es que esto puede suceder, forma. Todo lo que nace y lo todavía no nacido está prometido a una forma. Es el sentido primordialmente nupcial de la vida aquí; aquí y ahora, y desde un principio, y más no sabemos. Cuándo cesarán estas promesas nupciales, esta apetencia de forma, no lo sabemos. Y mientras tanto aquí mismo se da la soledad. La soledad incompleta del ser a medias logrado, la soledad que gime y se revuelve contra su suerte, exasperándose en su esperanza, cegando la fuente misma de la esperanza por la impaciencia, que tampoco le es imputable porque le ha sido negado el horizonte. El horizonte inmediato que remite al horizonte que sigue, y éste remitirá al horizonte otro o uno ya, al horizonte que la unidad abre en la conciencia anulándola y en la mente uniéndola, el horizonte que no podemos calificar, pues que no somos iluminados porque tampoco se nos iluminó. Mas se nos dio por el Maestro que descendió hasta nuestra histórica vida, hasta nuestra oscura, ciega y absolutista –tratándose de esta civilización occidental– condición, dándonos al par el absoluto y la relatividad pertinente.

Y en seguida aquí la acción surgió. Goethe lo manifestó tarde, cuando ya estaba cumplida la humana acción oscurecedora, reacia siempre a la gracia que es al par conocimiento; mas, sin duda que él, poeta, quería decir algo justo: la acción que dimana del Verbo, la acción que es verbo. Y nada de eso modifica la revelación recibida, en parte desatendida, en gran parte ignorada, y a la que se ha hecho oídos sordos, ávidos, más que de acción, de imperio. El Imperio, pecado central de este hombre que, aun en su extrema miseria, lo proclama; que arriesga proclamarlo hasta su último suspiro, que por eso no será suspiro sino cese, cesación, tal como hoy se concibe que sea la muerte. ¿Quién piensa ni sueña en ese último suspiro en que se exhala el alma y se remite el espíritu? Lo que no quiere decir que así no suceda; mas sucede porque ha de suceder sin vigencia, sin dejar huella válida, sin validez o, en términos hoy en día mayormente usados, sin establecimiento. El suspiro sigue, seguirá, mas ¿quién lo recoge?, ¿quién lo sabe?, ¿quién lo espera? En el secreto del ser, sí, el suspiro último en que se exhalan alma, espíritu y vida física, sigue, seguirá. Mas ¿quién, entre los cultos al menos, osa referirse a él? La conciencia le es adversa, la conciencia lo inhibe. Lo más penoso y fácil para un ser humano, en su versión occidental, es abstenerse. Y la inhibición ha llegado a sustituir en él, en su mente, y hasta en sus reflejos anteriormente, a la abstención, ocultando virtudes, gracias, la castidad, la pobreza de espíritu, la limpieza de corazón. Que la conciencia inhibe, un sabio de raza hebrea lo recordó, mas, timorato e irreligioso, no pudo divisar la extensión efectiva de esta inhibición. La mirada de un psicólogo, metafísico ya, no perteneciente a la raza elegida pero deudor de ella como todos somos, divisó la extensión, abordando honesta e inteligentemente las raíces de la conciencia, como era de rigor, mas sin tomar a su cargo enteramente la simplicidad. Y sólo la simplicidad puede dar cuenta, sólo la simplicidad del santo simple, y aún antes y siempre, y sobre todo, la simplicidad dada por el Maestro divino-humano; divino en su humana pasión, sin desdecirse aun en su cólera. La simplicidad única del bienaventurado. Simplicidad que lo aleja de nosotros, que tan complejos hemos llegado a ser. Seres, vida y ser unidos. Están ahí, son inmediatos. Y hoy la conciencia y sus análisis alejan de lo inmediato, de la vida, la simple vida. La sola vida ha quedado lejos también para los vitalistas del pensamiento y para los pensantes de la vitalidad, aun para todos aquellos infinitamente respetables, amables, predispuestos al amor, que en esta nuestra amenazada cultura, y amenazante allí donde llega, se aparecen. Indignos casi de la vida, de la vida inmediata, nos presentamos hoy con técnicas, razones técnicas también, análisis igualmente técnicos del alma reducida a psique, a máquina; invasores siempre, ayer todavía, y aún hoy guerreramente, y enseguida pacíficamente, industrialmente, donde no nos llaman. Todo es color de imperio, de comercial imposición.

Y allí donde llegamos, la danza cesa, el canto enmudece, la ronda se deshace. Bien es cierto que una cinta magnetofónica lo recoge todo en su último suspiro sin que se estremezca la conciencia por esto.

I. El árbol de la vida. La sierpe

1

La vida se arrastra desde el comienzo. Se derrama, tiende a irse más allá, a irse desde la raíz oscura, repitiendo sobre la faz de la tierra –suelo para lo que se yergue sobre ella– el desparramarse de las raíces y su laberinto. La vida, cuanto más se da a crecer, prometida como es al crecimiento, más interpone su cuerpo; el cuerpo que al fin ha logrado, entre su ansia de crecimiento y el espacio que la llama. Busca espacio en ansia de desplegarse, y todos los puntos cardinales parecen atraerla por igual hasta que encuentra el obstáculo para proseguir su despliegue. En principio no tiene límites y los ignora hasta que los encuentra en forma de obstáculo infranqueable, primera moral que el hombre entiende llamándola prohibición. Mas busca la vida ante todo su cuerpo, el despliegue del cuerpo que ya alcanzó, el cuerpo indispensable. Y busca otro cuerpo desconocido. Y así, el primer ímpetu vital subsistente en el hombre a través de todas las edades le conduce a la búsqueda de otro cuerpo propiamente suyo, el cuerpo desconocido. Cuando inventa aparatos mecánicos que se lo proporcionen, gracias a una cierta ciencia, se llama a esta consecución progreso técnico. Y no es más que el ciego ímpetu de la vida que se arrastra por un cuerpo, por su cuerpo, por sus cuerpos, ya que ninguno le basta.

Y este ansia corre ciegamente, en un primer plano, muy cerca de la raíz, mas diferenciándose de ella por sostenerse sobre ella, por reptar sobre la faz de la tierra y sobre las espaldas de los ínferos. Entre los profundos abismos que rodean el centro y el inmediato subsuelo, patria de las raíces, están los yacimientos del agua y de la luz cuajada y sepultada.

Ciega va la vida derramándose, dándose en sobreabundancia. Buscando en su indigencia –tiene sobre todo sed–, se cruza a sí misma, interpone su cuerpo habido al derramarlo. Cada rama aquejada de la misma ansia que la primera se interpone con mayor ahínco ante el cuerpo buscado, el «cuerpo perseguido» –según la expresión clave de la poesía de Emilio Prados–. Mas este entrecruzamiento le inflige y le ofrece una nueva dirección. Una dirección inédita repite el reptar de las raíces bajo la luz al seguir la dirección hacia arriba, hacia la luz contraria a las raíces, que ahora soportan ya algo también inédito para ellas: un peso.

Un peso, una carga –en términos humanos, una invisible responsabilidad, tributo de lo escondido bajo la luz a lo que va hacia ella–. ¿Podrá ocurrir esta trasformación sin que el soportar encuentre resistencia, sin que la inédita, revolucionaria, dirección hacia la luz despierte en las adormidas, somnolientas, sierpes de abajo, ansia alguna de erguirse ellas, a su vez, o de sacudirse el peso para seguir yaciendo en la libertad de su somnolencia, sepulcro primero de libertad?

Y en esta encrucijada se establecerá una diferencia decisiva entre los cuerpos de la vida a los que sus raíces se negaron a soportar, a los que se les negó el cuerpo nuevo, y aquellos otros que, de modo y manera más o menos cumplida, lograron o pudieron al menos mantener su pretensión.

Queda el tallo blando, viscoso siempre, que por un momento se yergue o se disfraza de lo que se puede erguir: impotencia que se resuelve en falacia aspirante a ese mimetismo que se logra al fin en la planta parásita.

Las raíces negadas a la función de soportar peso, pierden el ser fundamento. Ávidas ellas, por mimetismo, arrastradas por el vicio de la repetición, devoran el cuerpo que habían dejado salir, se enredan en él, se confunden con él, *son* él. Y siguen, prosiguen su reptar apegándose hasta penetrar a un cuerpo nuevo, al cuerpo prometido que se alza sostenido por la docilidad de su raíz, que se hace así como madre, pues sólo hay propiamente madre cuando nace un cuerpo nuevo, un cuerpo hacia la luz que cumple su promesa. Sólo hay madre en el cumplimiento de una promesa de la vida a la luz.

¿Depende todo ello del sueño, del sueño de las raíces sierpes? La sierpe de la vida, la sierpe vida –¿alguna otra sierpe habrá enroscada en este universo?– acecha, irrumpe y desaparece como la primera, insuficiente, materialización de un sueño. Sombra de un cuerpo en busca de un lugar, a punto de borrarse, pero indestructible en su levedad, y, como los sueños, sin nacimiento. La sierpe de la vida ha salido a la luz como una firma imborrable, como una inadvertencia de alguien a quien le costará muy caro, pues que tendrá que dejarla proseguir e irla dotando incansablemente, pues eso es lo que la sierpe pide: dote. Y más tarde esposo, y ya desde el comienzo algo así como amor; amor que repare el descuido y que lo eleve. Si todos los cuerpos celestes giran, si el universo astro gira, ella, la sierpe de la vida, aparecida aquí, obedece, sigue este movimiento y se enredará siempre en su movimiento originario, anillo desprendido de la frente de algún astro o de algún ser más alto, más luciente y oculto, que todos los astros imaginarios y habidos.

Y al serle negado el avanzar a la sierpe, moviéndose circularmente, va, sinuosa, enroscándose en la

I. El árbol de la vida. La sierpe

recta que debería de seguir, enroscándose a un tronco imaginario sin despegarse del suelo todavía. ¿Sueña subir? No puede quedarse quieta, concéntrica, punto de una órbita; órbita recogida sobre sí misma guardando su centro. Tiene que avanzar. Y este tener que ir avanzando parece provenir de un movimiento circular en el que no existe avance ni retroceso, que manifiesta la condena primera que pesa sobre la sierpe vida, su segundo desprendimiento: el desprenderse ahora de su modo de movimiento originario. Y de ahí un carácter de fragmento desprendido de, y de ahí su condición indigente, incompleta y dada a perderse, perdidiza y aun pordiosera.

Proseguirá siempre así su suerte, la suerte de la vida, de esta vida; tener que ir desprendiéndose de todo, el todo que es, por el pronto, cuerpo y movimiento, de aquello que, por el momento, la vida posee. Y no posee desde el comienzo de su carrera sino aquello que es poseído. El punto en que las dos formas de la posesión, activa y pasiva, se encuentran y anulan, marca el punto invisible del ser. El punto inviolable del ser. Eternidad de la vida que se muestra ya en su aparecer primero, como si ser y vida fueran congénitamente unidos. La vida, que en la sierpe va tan suelta como puede ir la vida, atada únicamente por su condena que la obliga a no derramarse ciegamente, que la prepara a ver y a ser vista; lo que logrará tan sólo cuando ese punto de equilibrio entre las dos formas de la posesión sea tal que el sujeto viviente aparezca a fuerza de perder y perderse: desposeyéndose, desposeído. Largo es el camino.

Proclama la vida su condición de espejo en alteración constante, ondulado por la vibración, desigualmente capaz de reflejar, tornasolado en su relucir. Lleva la sierpe, además de la luz reflejada, la luz impresa portadora del estigma de la luz y de la sombra; luz impresa como mancha, cuerpo que es, a la vez, su sombra, su imagen, cargado con lo que menos debería de pesar, el reflejo. Y es cuando más hace ver su condición terrestre, su autonomía de algo que, si cayó aquí, ha acabado por nacer también aquí, o por apropiarse la ciudadanía de la tierra, el ser su habitante. Lo que quiere decir: el no salir de ella hasta haberla llenado. Va solitaria, va pobre, ciega y sola, reflejando la luz que no tiene, la luz prometida que, por el momento, sólo reluce como una llamada, como un signo impreso en un ser ciego.

Y la tierra le servirá de soporte, de lugar ilimitado. Mas la superficie, el plano, no le basta a la vida que ya tiene cuerpo, por asimilado que esté a la planicie, a la desolación de la simple superficie. Vuelve al hueco de la cueva inicial, defendida de la luz y de todo elemento que no sea ella; vuelve a la tierra, a la sola tierra, a la entraña terrestre. El cuerpo vivo ganará luego el llevar dentro de sí esta entraña. Y la magnitud de las entrañas, su multiplicidad, su riqueza, su rigor también, señalarán la escala de la vida, la escala en que el ser viviente muestra ya su faz. El rostro del ser vivo se corresponde con la oscuridad de las entrañas; el esclarecido rostro del mamífero y la luminosa faz responden a la entraña viva, tesoro que ya la caverna terrestre no podrá contener privilegiadamente. Entrañas tiene la tierra en que la luz está guardada centelleante, indeleble. La luz formada de agua y de fuego, de aire y de sal. La sal de la tierra que absorbe y fija la luz.

2

Se hunde la sierpe en el suelo como absorbida por alguna hendidura, por alguna de esas grietas por las que la tierra muestra ser, al par, ávida y madre; una madre que no siempre deja salir lo que traga. La tierra tiene bocas, gargantas, hondonadas y desfiladeros, que solamente, cuando se les ve allá abajo el oscuro fondo, se sienten como abismo, lugar de caída y de despeñamiento; si no, lo que por ella desaparece parece haya sido llamado para ser guardado, y, en último término, regenerado. Y si es eso que repta, parece que vaya a salir por algún otro lugar, irguiéndose irreconociblemente blanco y consistente, logrando, al salir nuevamente de la tierra, el cuerpo nuevo que en su reptar andaba buscando, extenuándose en ello, dejando la piel, su valía después de todo, su piel manchada, estigmatizada por sombra y luz.

Arroja su piel la sierpe en un ataque de desesperación, de furia contra sí misma, extenuada, escuálida, pues que no le sirve para alcanzar lo que ansía. Mas también ocurre que en su carrera, en esa condena a avanzar que ha de cumplir arrastrándose, la sierpe se deja la piel, su escudo, su tesoro, por ser su signo, emblema primero de la vida, que de tantos se irá revistiendo al desplegarse. Y cuando esto sucede análogamente en el ser que más erguido está sobre la escala de la vida –y que con la sierpe tantas analogías guarda– será sin el menor anhelo que le sirva de estímulo, sin asistencia de ese estímulo que llega desde la piel nueva que ya está ahí, como lo están ya en la vida histórica las nuevas generaciones que estimulan a la dejación del que al fin tuvo su piel para que la deje intacta lo más pronto posible.

3

¿Busca la sierpe las entrañas, raíces de la tierra, en anhelo de renovarse, o exhausta, acabada ya, anhela borrarse, embeberse? ¿Tiene acaso la tierra sed de beber vida? La sierpe, desprendida de la tierra sólo metafóricamente, afirma que viene de la Tierra Madre, que la Tierra es Madre. De su parte, la sierpe vegetal y todo lo que se sostiene sobre su propio nacimiento, todo lo nacido, por alto que vaya y distinto que sea, sin ruptura ni separación, afirma la materna condición de la tierra, la ostenta y la corona llegando a glorificarla. Balada de la yerba, canto de ciertas enramadas, himno de los concertados árboles.

Y en estas sierpes vegetales se ve y se siente que, todas un día, y aún más aquellas en que el cuerpo nuevo ha sido alcanzado, todas un día, por sequedad o por abatimiento, por abandono de no se sabe qué, aunque se presienta, irán a parar a la tierra. Mas raramente irán a hundirse dentro de ella; tan sólo el prado florido, que, cuando llega el invierno, no ha dejado ni rastro, tal si hubiese sido retirado por la tierra que lo guarda para sacarlo a la hora justa un tanto imprevisible. Caerá todo sobre la tierra sin adentrarse en ella. Y como ello sucede por violencia, esa violencia de los elementos, que parecen venir a barrer la gala de la Madre Tierra –¿envidia, furia ante su ostentación?, condena también–, o por la violencia de la mano humana, ofrece un cierto carácter de sacrificio; de un sacrificio no exigido por la tierra, por la madre, sino de sacrificio primario y primero de la vida. La violencia que envuelve una oscura, indescifrable, finalidad de que todo lo vivo que la Madre Muerte da a la luz sea abatido, desnudado bajo la luz. Y, al ser desnudado, se queda en corteza, en polvo, en tierra, en otra vez sólo tierra.

Mas la Tierra bebe, embebe porque tiene sed; se concreta en sed si se la deja sin el agua ansiada. Mas el agua no le basta. La esterilidad de sus arenales, que de agua ya no necesitan para engendrar seres vivos, embebe lo vivo por irresistible mandato, fatal como el de la muerte, quedándose como estaban, áridas y sin huella de lo viviente trasegado. Como si el dar la vida fuera exclusivo de la tierra, astro muerto que al fin logra fabricar vida por un privilegio que es al par un «sobrehumano» trabajo, obra de algo divino, chispa de divino fuego ávido de la luz perdida allá en lo hondo. Y que desde allí, a fuerza de esforzarse, la ha sacudido un día torciéndola sobre sí misma, encorvándola, tendiendo a enroscarse, a ser sierpe ella también, buscando beber la luz, ofreciéndole un hueco para guardarla, queriendo encerrar la luz dentro de sí, en ansia de tener un dentro, unas entrañas, para la lluvia de la luz primera, a la que en humilde y desesperado modo se adhiere así torcida, como sea, sin recato y sin cuidar de su compostura, al borde del abismo de los espacios, inclinándose ante ellos, retorciéndose en ellos como pobre entraña de la luz celeste.

Como una pobre entraña de la luz celeste, color de la pobreza misma, cenicienta de los astros, la tierra bebe la luz y se alza y retuerce, repta por la órbita que al fin le han dado sin ella saberlo ni buscarlo. Buscaba, sigue buscando, alzarse y beber. Y bajarse, redondearse y ser; ser firme, consistente. Y así atrae creando peso, produciendo gravitación que imanta y fija la luz misma que irresistiblemente ha de bajar hasta ella. Y de estas dos ansias proviene su inclinación, que todo en ella se deslice hacia abajo o se alce hacia arriba, que se encarame, que suba por su órbita. No es horizontal la tierra ni se mueve horizontalmente siguiendo un plano de reposo. Criatura de pasión, como cuerpo planetario, condensada palpitación del cosmos, que si hubiera de ser concebido según ella habría de ser una inmensa pasión, una ardiente, multiencendida pasión; fuego sostenido, rodeado, por las aguas, por el Agua primera, la criatura primera que no se desprendió, y el aliento del fuego, el silbido del fuego preanuncio de la palabra. La luz entrañada es fuego, respiración, aliento que procede hacia la palabra.

Pues que todo el universo cayó un día separándose, y que la vida es la respuesta que atestigua el origen, y que le responde. La vida es una respuesta al origen y de él guarda el soplo. Y la caída inicial se sostiene como muerte; la muerte que sostiene a la vida, que va proporcionando materia, cuerpo, al soplo de la vida que renace, que insiste en reproducirse ilimitadamente, sin más límite que el cuerpo mortal que la materia, a causa de la caída, le va dando. Un cuerpo que ella, la Madre, tiene que retirar un día. Entre vida y muerte media mientras tanto el tiempo.

4

Implica el sacro relato del Génesis la generación del tiempo que no se hace explícita. ¿Coetáneo de la palabra creadora o su consecuencia, condición que el acto creador puso en todo lo creado? Separación y juntura, quicio, el tiempo. Quicio del girar de la creación ya en el proceder mismo de la creación: un día, otro... seis y uno más, reposo divino, dejada ya la obra de sus manos. Y dos modalidades del tiempo cualitativas ya marcadas: tiempo sucesivo, en que unas cosas, unas criaturas, surgen, y después otras, la procesión primera que acaba, finitud; y un día distinto de retorno: la quietud, retirada del creador sobre sí mismo, subsistencia del ser tras de la entrega. Un día, ¿o simplemente el día más allá de la procesión del tiempo?

El tiempo –eje, quicio, mediador– guardará la huella de esta vuelta, de este retirarse hacia dentro, diríamos los mortales. Y así, la vida, toda la vida, seguiría la procesión del tiempo creador, sucesión de fatigas en la vida de acá que conocemos, para acabar. Y luego esa retirada, esa calma del creador en lo creado, sería, a través de la muerte, entrada en la quietud primera. Mas eso, si se mira solamente al cesar de las fatigas del viviente. Hay otra versión vital: el salirse de la procesión, el derramar el tiempo en que todavía se está durante el ciclo de la vida, el salirse para derramarse y encontrarse en la vida sin más, en la vida toda. El gozo de la vida y su canto.

II. La corona de los seres

Esta corona de los seres lo es en el sentido de la corona visible que forman las cimas de una cordillera sumergida, islas de un logos no encontrado y todavía por encontrar. Corona de lo visible, de lo que ha logrado llegar a ser y a tener un nombre, es decir, un ser completo; no como un mortal, un ser apenas nacido, un ser aún por nacer, como algunos gnósticos han creído. Porque ese ir más allá, para entrar en la corona, en lo que la corona es en la obra del pensamiento, es lo que pertenece al autor directamente. Sin negar que sea corona aquello creado con especial ejemplaridad por el autor –total, se entiende, por el autor de todo–, y que su obra no sea simplemente la del Dios que es, sino la del Dios que se da, que se derrama en círculos –que, sin negarse los unos a los otros, son diferentes–. Pero si el autor nos regala una obra en espiral, entonces hay esperanza todavía, el círculo no la da porque está cerrado para siempre.

La espiral del ser. Los gnósticos se darán en espiral, en la que no hay reiteración; el círculo da la pobreza del ser, su economía indispensable. En el círculo no hay lugar para que los bienaventurados abran sus alas, ellos que son como pájaros impensables. Tampoco puede haber lugar para otros universos, otros pájaros, otras almas, hijas del creador además de las que ya conocemos.

La fatiga del creador es impensable, pero sí su afán de poder y su descansar cuando ya estuvo creado lo que se nos ha dicho que había en el Arca de Noé, ¿y lo que no había todavía?, ¿y lo que aún nos aguarda?, ¿y el logos subterráneo?; y las llamadas heterodoxias, ¿no son sino signos, señales, de un Arca de Noé perdida, aun geográficamente, entre la vida y la muerte, en algo que no sea muerte pero tampoco vida en el sentido en que lo es ahora?

El santo, con sus salidas fuera del tiempo, sus éxtasis, vuelve al lugar donde estaba. El santo no es un bienaventurado; aquél está con las manos abiertas, éste es la multiplicidad, impensable ahora, del ser y de la vida, pero nada más que eso. El bienaventurado está condenado a no descansar, pues si se instala en la aventura será el cierre, la felicidad, lo que no es admisible, pues que limita la obra inmensa, infinita, la infinitud de los tiempos y su originalidad.

Y los sueños, ¿los vamos también a limitar? ¿Cómo quedaría este Universo que conocemos sin los sueños que lo han sacudido a veces con pasión insondable?

III. El exiliado

1. Las revelaciones del exilio

¿Resultará excesivo este término, «revelación», aplicado al exilio? Hay ese riesgo cuando el tener algo por revelado se rechaza constantemente. Ha estado confinada la revelación a lo específicamente religioso; y como sobre ella o cerca de ella, siglo tras siglo, se ha edificado una teología, en simbiosis con una determinada filosofía, lo que no era ella quedaba arrojado al «brazo secular» de la dialéctica, del análisis; en suma, de los métodos disponibles por la razón en un cierto momento histórico. Y así, la historia ha venido a constituir un cerco que, por otra parte, y sin salirse de ella, se intenta traspasar. Afortunadamente, las investigaciones de otras historias, de otras culturas vivientes o sepultadas por el tiempo, la arqueología misma, la filosofía, la historia de las religiones sobre todo, ofrecen conocimientos y, más aún, atisbos, vislumbres, entrevisiones no reductibles al análisis, revelaciones, pues. Mas revelaciones que saltan por sí mismas en el recinto de la razón occidental. Siguen estando encerradas dentro de las categorías vigentes: situación, circunstancia…, y todas ellas bajo la categoría suprema de lo explicable –y si se trata de una humana vida, de lo justificable–. Toda revelación ha de justificarse, ha de probar su derecho de ciudadanía.

Sucede todo ello a causa de la incompatibilidad, que llega a una especie de repugnancia, de discernir el ser en la vida humana, en la Vida. Y es en el ser y desde el ser como se reciben revelaciones. Es la visión la que se da al ser. Una teoría del conocimiento de la revelación se hace cada día más necesaria y no se deja de echar de menos en la «nueva teología», de la que parecen existir pocas noticias de que haya emprendido esta tarea indispensable, si es que en las Iglesias se quiere salvar la existencia de la revelación, a no ser que, a imagen y semejanza de la mente occidental, declarada en crisis o en bancarrota, no se haya renunciado a ella con un disimulado *vade retro*.

Ligada está íntimamente la visión al ser. Y si se cayera en la cuenta de que la verdadera experiencia de la vida personal y de la historia no puede prescindir de esas fuentes, se comenzaría a admitir la revelación y el ser como sujeto de ella. Pues que no hay experiencia de la vida sin ser, tal como se asiente incontrovertiblemente. La experiencia es desde un ser, este que es el hombre, este que soy yo, que voy siendo en virtud de lo que veo y padezco y no de lo que razono y pienso. Porque el hombre se padece a sí mismo y por lo que ve. Lo que ve le hiere, le puede herir aún prodigiosamente para que su ser se le abra y se le revele, para que vaya saliendo de la congénita oscuridad a la luz, esa que ya hirió sus ojos –heridas– cuando los abrió por primera vez, cuando salió de su sueño o vio su sueño. El hombre ve su sueño y llega a ver su soñar mismo, su soñarse en la historia; pero no siempre en la historia, sí más allá o más acá, en esos dos campos de la vida divididos por la historia –tal como Afrodita quedó dividida por el tiempo entre cielo y tierra, teniendo de cerca, mas del otro lado, a las Furias–, y, por un extraño paralelismo, el ser humano se encuentra dividido entre su simple vivir terrestre y su origen. Gravísima es la situación cuando a la visión se ha renunciado, cuando la revelación mítica o legendaria, ya que no divina, se ha cercenado. Entonces, perdido entre la historia se anda.

Mas la historia es la rebelde por antonomasia, la rebelde contra el ser y la vida. ¿Para más ser y más vida? Respondan de ello aquellas sepultadas culturas en las que el hombre y sus signos, sus palabras mismas, nacían en el universo. La historia universal se ha establecido a costa del hombre universal, del ser hijo del universo. Exilio ya, pues; exilio del universo, confinamiento en la Historia Universal, a la que Hegel tuvo que conferir el ser sagrada toda ella, al ser abolido –y no por él precisamente– lo sagrado en cuanto tal.

2. Los pasos del exilio

Comienza la iniciación al exilio cuando comienza el abandono, el sentirse abandonado; lo que al refugiado no le sucede ni al desterrado tampoco. El refugiado se ve acogido más o menos amorosamente en un lugar donde se le hace hueco, que se le ofrece y aún concede y, en el más hiriente de los casos, donde se le tolera. Algo encuentra, dentro de lo cual depositar su cuerpo que fue expulsado de ese su lugar primero, patria se le llama, casa propia, de lo propio, aunque fuese el lagar de la propia miseria. Y en el destierro se siente sin tierra, la suya, y sin otra ajena que pueda sustituirla. Patria, casa, tierra, no son exactamente lo mismo. Recintos diferentes o modos diferentes en que el lugar inicial perdido se configura y presenta.

El encontrarse en el destierro no hace sentir el exilio, sino ante todo la expulsión. Y luego, luego la insalvable distancia y la incierta presencia física del país perdido. Y aquí empieza el exilio, el sentirse ya al borde del exilio. Y así en el poema, que suponemos sin duda inmortal, de Luis Cernuda, «Ser de

III. El exiliado

Sansueña», se encuentra el apurar el destierro y el iniciarse del exilio en un instante único, sin separación, al modo como en las tragedias se realiza prodigiosamente este imposible dar un instante único en varias de sus vertientes o dimensiones.

Mas la tragedia humana sucede bajo la mirada de los dioses y su sentencia. Y en el abandono no se siente esa mirada ni la sentencia, como por momentos se querría. En el abandono, sólo lo propio de que se está desposeído aparece, sólo lo que no se puede llegar a ser como ser propio. Lo propio es solamente, en tanto que negación, imposibilidad. Imposibilidad de vivir, que, cuando se cae en la cuenta, es imposibilidad de morir. El filo entre vida y muerte que igualmente se rechazan. Sostenerse en ese filo es la primera exigencia que al exiliado se le presenta como ineludible.

Peregrinación entre las entrañas esparcidas de una historia trágica. Nudos múltiples, oscuridad, y algo más grave: la identidad perdida que reclama rescate. Y todo rescate tiene un precio.

El exiliado es él mismo ya su paso, una especie de revelación que él mismo puede ignorar, e ignora casi siempre, como todo ser humano, que es conducido para ser visto, cuando él lo que quiere es ver. Pues que el exiliado es objeto de mirada antes que de conocimiento. Al objeto de conocimiento se contrapone el objeto de visión, que es tanto como decir de escándalo.

El que llegó, en el mejor de los casos, para dar a conocer algo muy íntimo, tan de dentro, que el no exiliado, el que está en su casa, sentía sin ver, necesitándolo tanto. Y así, el exiliado revela sin saber, y cuando sabe, mira y calla. Se calla, se refugia en el silencio, necesitando al fin refugiarse en algo, adentrarse en algo. Y es que anda fuera de sí, al andar sin patria ni casa. Al *salir* de ellas, se quedó para siempre fuera, librado a la visión, proponiendo el ver para verse; porque aquel que lo vea acaba viéndose, lo que tan imposible resulta en su casa, en su propia casa, en su propia geografía e historia, verse en sus raíces sin haberse desprendido de ellas, sin haber sido de ellas arrancado. El exiliado regala a su paso, que por ello anda tan despacio, la visión prometida al que se quedó fuera, fuera y en vilo, tanto en lo alto como en lo bajo, hundiéndose, a medio hundirse, siempre a pique. A pique en el borde de su abismo llano, allí donde no hay camino, donde la amenaza de ser devorado por la tierra no se hace sentir tan siquiera, donde nadie le pide ni le llama, extravagante como un ciego sin norte, un ciego que se ha quedado sin vista por no tener adonde ir.

3. Ser exiliado

Es el devorado; devorado por la historia. Mas la historia no opera nunca limpiamente, y al devorar, no arranca, como el sacerdote azteca –todo un arte–, el corazón para ofrecerlo al sol, al sol de la historia. Eso sólo sucede cuando una religión asume el papel de la historia, de la historia cruenta, dándole a cambio el sol, astro único, pretendido dios que ilumina las entrañas que devora. Mas nunca se logra, pues que el tiempo, ambiguo dios de imprevisibles efectos, está detrás siempre en acecho y ríe, o peor aún: sonríe.

El Tiempo, un dios sin máscara. ¿Alguien ha reflexionado sobre el extraño modo de divinidad del Tiempo, que aun en la figura de Cronos, hijo de Urano y de Gea, no tiene figura ni máscara? Dionisos, máscara solitaria entre los viñedos, se multiplica y se diversifica en máscaras de teatro, el dios que no tiene figura propia para darla. El Tiempo ni la tiene ni la ofrece; ¿qué ofrece pues?, ¿en virtud de qué actúa?, ¿cuál es su mira? Dios de la visión: esto se verá con el tiempo, se me verá, se verá mi razón con el tiempo, dice entre sí y a veces balbucea el exiliado. Y mientras tanto, el tiempo le devora a él, que, como el tiempo –¿a imagen y semejanza del tiempo?–, no tiene figura, rostro ni máscara alguna. Él, el desenmascarado, apto para ser devorado por cuanto pájaro pida y necesite, el pájaro que, en principio, es agorero, ¿será él, el exiliado, su augurio? Algo nuevo que se reitera; un aviso resulta ser a la altura de la moral más vieja, de la que avisa al verse en lo que más se aparta del campo de la visión: en el estorbo, en lo que se arrojaría de la fiesta cívica, en lo que se relegaría al cuarto oscuro de los trastos, o allá en el palomar vacío o en el abejar, lejos, para ir –eso sí– de vez en cuando, a la chita callando, a llevarle algo, un pedazo de carne que no come, un botón para la camisa que lleva desgarrada ya, o un espejo, mejor aún, para que vea su cabeza marchita, sus pupilas, peces sin respiración, para que se vea en el agua turbia del pasado, para que se vea en el presente, cuando él presente ya no tiene.

O quizá tiene lo que primero dejó de tener, presente; y al parecer, iba ganando en presencia, y todo en virtud de una renuncia sin formulación al porvenir. Corre entonces el riesgo de entregarse al futuro, dios desconocido, fondo o trasfondo del Tiempo.

Y el exiliado, a fuerza de pasmos y desvalimientos, de estar a punto de desfallecer al borde del camino por el que todos pasan, vislumbra, va vislumbrando, la ciudad que busca y que le mantiene fuera, fuera de la suya, la ciudad no habida, la historia que desde el principio quedó borrada, ¿acumulada?, quizá no.

¿Cabe la existencia de la historia verdadera del hombre sobre la tierra? Sería, habría de ser, la historia ante todo sufrida, padecida y pensada, más allá de todo utópico ensueño del hombre que no se sueña a sí mismo, que no se representa ni se reviste, que no se esconde para mejor saltar a cobrar su presa, y que ha dejado de ser presa, el hombre en quien el ser verdadero es más que el ser.

4. El desconocido

El exiliado es el que más se asemeja al desconocido, el que llega, a fuerza de apurar su condición, a ser ese desconocido que hay en todo hombre, y al que el poeta y el artista no logran sino muy raramente llegar a descubrir. El filósofo, de tan rara aparición integral, lo manifiesta en la ausencia de su yo y de su persona, en el acallamiento de las pasiones, que por algo es presupuesto del filosofar desde el origen. Mas queda la pasión, como en el santo.

Mientras que en el desconocido no hay pasión, a fuerza tal vez de la aceptación, no de las circunstancias ni de su situación en medio de ellas, sino de su orfandad. Y de eso que la caracteriza más que nada: no tener lugar en el mundo, ni geográfico, ni social, ni político, ni –lo que decide en extremo para que salga de él ese desconocido– ontológico. No ser nadie, ni un mendigo: no ser nada. Ser tan sólo lo que no puede dejarse ni perderse, y en el exiliado más que en nadie. Haberlo dejado de ser todo para seguir manteniéndose en el punto sin apoyo ninguno, el perderse en el fondo de la historia, de la suya también, para encontrarse un día, en un solo instante, sobrenadándolas todas. La historia se le ha hecho como agua que no lo sostiene ciertamente. Por el contrario, por no sostenerse en la historia, se le ha hecho agua nada amenazadora. No es ya piélago, ni menos océano que pide siempre ser surcado, es más bien agua a punto de ser tragada.

5. La sequedad. El llanto

No se sabe si es del destierro, o del exilio que en él se va ganando, de donde proviene esa sequedad. Sequedad de tierra sin agua, desierto sin fronteras y sin espejismos. El espejismo de la fuente que permite beber en sueños. Y no hay tampoco sueños del presente en los que se realice algo en compensación. El suceso es tan real, de un modo de realidad que tiende a lo absoluto, y como tal tiene ya carácter de sueño, del que sólo se puede escapar despertando. Mas el desterrado, en su sequedad, está tan despierto como se pueda estar. Y no sueña. En tanto que refugiado, proyecta, idea y hasta maquina: «hay que rehacerse la vida» o «hay que hacerse una vida diferente que quizá sea mejor», «me equivoqué de camino». Y la danza de la posibilidad ronda en torno suyo; de las posibilidades allá en la patria, en «su País», y que desperdició por esa obstinación en seguir un derrotero común, con todos «ésos» o con «aquéllos», «una equivocación que ahora puedo rescatar si me decido».

III. El exiliado

Al propiamente refugiado, al únicamente refugiado, el destierro no le absorbe. Alguna ráfaga de sentimiento, o más bien de sentimentalidad, que le hace asomar lágrimas a los ojos, un consuelo en la debilidad, y hasta una especie de ofrenda aplacatoria a los Lares, que, a medida que los abandona, se jura mantener en alto siempre. Y se siente así más fiel a su tierra que nunca, más que nadie, más que los demás. Pues que la comparación se va apoderando de su mente y del inagotable cálculo que podríamos llamar «existencial».

Y mientras, el desterrado mira, sueña con los ojos abiertos; se ha quedado atónito, sin llanto y sin palabra, como en estado de pasmo. Y si atiende a su oficio, sea el mismo o diferente de aquel que tenía, no le saca de esa mudez, aunque para cumplirlo haya de hablar. Ningún quehacer le hace salir de ese estado en que todo se ve fijo, nítido, presente, mas sin relación.

6. El exiliado y sus destierros

De destierro en destierro, en cada uno de ellos el exiliado va muriendo, desposeyéndose, desenraizándose. Y así se encamina, se reitera, su salida del lugar inicial, de su patria y de cada posible patria, dejándose a veces la capa al huir de la seducción de una patria que se le ofrece, corriendo delante de su sombra tentadora; entonces, inevitablemente, es acusado de eso, de irse; de irse sin tener ni tan siquiera adónde. Pues que de lo que huye el prometido al exilio, marcado ya por él desde antes, es de un dónde, de un lugar que sea el suyo. Y puede quedarse tan sólo allí donde pueda agonizar libremente, ir meciéndose en el mar que se revive, estar despierto sólo cuando el amor que le llena se lo permite, en soledad y libertad.

7. La inmensidad del exilio

7.1. *El desamparo*

En el exilio verdadero pronto se abre la inmensidad, que puede no ser notada al principio. Es lo que queda, en lo que se resuelve, si llega a suceder, el desamparo.

Sin desamparo, la inmensidad no aparece, sin el abandono a lo menos, sin haber sentido en modo suficiente, es decir, en forma de duración, el abandono. Del abandono llegan esos vacíos que en la vida de todos los hombres, en cualquier situación, aparecen y desaparecen. Y así también esas centellas de desamparo, esas saetas que en la piel del ser produce el quedarse a la intemperie; es decir, desnudo ante los elementos, que entonces muestran toda su fuerza. Y así, el firmamento mismo se retira, desaparece su firmeza, su mediación. Pues que es la mediación la que hace sentir la presencia del Padre cuando se oculta y la que sostiene su presencia cuando se aparece. La mediación que comienza en forma inmediata e insensible, cuando no se ha perdido sino por breves momentos que la memoria guarda celosamente en su seno insondable, y que sólo da a conocer cuando llegan otros de mayor duración o de más acentuada amenaza. El firmamento, el horizonte familiar, la ciudad y aun el lugar que en él se habita, son mediadores. La casa y los objetos tenidos por preciosos, todo lo que en ella se enciende, hasta la cólera del padre inmediato, si no se excede en su autoridad, si no aplasta ocupando todo espacio de vida; todo lo que en ella arde, el fuego mismo, siempre símbolo del hogar, si no impide respirar y moverse, es mediador. Y lo será más cuanto más permita la circulación de los elementos y de ese elemento primero para el hombre que es la palabra.

7.2. *La tentación de la existencia*

A medida que se aminora la agonía del desamparo, cuando la esperanza se ha acallado y por tanto no ha lugar para la desesperación, y menos todavía para la exasperación, la inmensidad se va haciendo presente. La inmensidad, el ilimitado desierto, la inexistencia del horizonte y el cielo fluido. La existencia del ser humano a quien esto acontece ha entrado ya en el exilio, como en un océano sin isla alguna a la vista, sin norte real, punto de llegada, meta. Las circunstancias que nunca deja de haber pueden avanzar devoradas. Si no se entiende esta situación, la tentación de la existencia, de ser el existente en medio de esa soledad dejada por el desamparo, y aun simplemente por el abandono, por andar así, sin mediación, puede ser tomada por libertad.

La libertad así aceptada se establece como realidad que necesita ser constantemente verificada con la acción, una acción cualquiera, una pseudoacción correspondiente a la pseudolibertad. Y el Yo, entonces, emerge sustituyendo a la mediación, tomando la inmensidad como campo disponible para su unicidad. Es el único, y todo puede ser su propiedad. La inmensidad queda así reducida a ser todo, y más aún, según se avanza en este camino, la totalidad que admite sumandos, la totalidad formada de sumandos a la que quedan reducidos los seres que inexorablemente se presentan, que son sentidos como «los otros», los opositores, los contendientes.

Todo contiende y se opone ante el único que se ha instalado en el desierto. Un desierto que ya no es la inmensidad. Y se ha perdido así para siempre, se le ha perdido así al existente aquel haber ido solo entre las sombras. Ahora, la soledad es distancia, se hace distancia entre el Yo y «los otros», insalvable distancia. Las sombras se hacen opacas y consistentes, acechan enemigas, réplicas de la inmensa sombra que arroja ese su Yo que lo posee. Tiene que hacerse limitada e infatigablemente poderoso. Ha caído, y más cuanto más se encumbre, en ser poseído por su propio yo. ¿Cómo podrá reconocerlo antes de estarlo por la muerte, sombra invencible, poder? La infinitud del tiempo por sí misma a solas y sin más no le bastaría.

7.3. *La inmensidad de la vida*

Y mientras tanto, el que se ha encontrado solo bajo la sombra inmensa del desamparo ante la inmensidad de la vida, sin sentir siquiera que la vida ande en esa inmensidad, se ha quedado así, así simplemente; no podría decir cómo ni por qué, ni el punto de partida en el forzado arranque de lo que fue patria, ciudad, casa, horizonte, paisaje familiar. Deja propiamente de ser desterrado para entrar a ser un exiliado.

Entra a ser, tan sólo, desposeído de toda pretensión de existencia. Una desconocida confianza le gana, le ha ganado ya en cuanto cae en la cuenta de ese calor, de ese acompañamiento desconocido que le deja así, que deja su soledad intacta y a todo él como en estado naciente. Tampoco esto lo sabe; si lo supiera se volcaría en la esperanza, ardería quizá en ella, cosa que puede ciertamente sucederle. Y si sucede, entonces el nuevo o reciente exiliado moriría. Pues que es el morir y no la muerte lo que acecha en este ser que despierta desposeído, librado a su ser apenas señalado, sin figura (las circunstancias que siempre hay, inoperantes para encadenarle y ni siquiera retenerle).

8. El lugar del exilio. El desierto

Para no perderse, enajenarse, en el desierto hay que encerrar dentro de sí al desierto. Hay que adentrar, interiorizar, el desierto en el alma, en la mente, en los sentidos mismos, aguzando el oído en detrimento de la vista para evitar los espejismos y escuchar las voces.

Mas, ¿y la ciudad soñada, la entrevista allá en el horizonte?

¿Y lo inaccesible, lo ilimitado, vivir en la ilimitación? Hay que aprender a ser movido por largos ayunos de calor, y a salvarse de él cuando llega como una irrupción, a las presencias sin figura y sin engaño, a la convención de las imágenes y a las palabras que dan frío.

El vivir dentro del desierto el encuentro con patrias que lo pudieran ser, fragmentos, aspectos de la patria perdida, una única para todos, antes de la separación del sentido y de la belleza.

Las Islas, lugar propio del exiliado, que las hace, sin saberlo, allí donde no aparecen. Las hace o las revela, dejándolas flotar en la ilimitación de las aguas posadas sobre ellas, sostenidas por el aliento que viene de lejos, remotamente, aun del firmamento mismo, del parpadear de sus estrellas, movidas ellas por invisible brisa. Y la brisa traerá con ella algo del soplo de la creación.

9. El exilio logrado

Camina el refugiado entre escombros. Y en ellos, entre ellos, los escombros de la historia. La Patria es una categoría histórica, no así la tierra ni el lugar. La Patria es lugar de historia, tierra donde una historia fue sembrada un día. Y cuyo crecimiento, más que el de ninguna otra historia, ha sido atropellado. La sepultura sin cadáver es una de las «arquitecturas» de la historia, mientras que los cadáveres vivientes, sombras animadas por la sangre, vagan unas, quedándose otras en inverosímiles emparedamientos, palpitando todavía –y si es todavía, lo es de por siempre mientras haya historia–, reapareciendo un día extrañamente puras, cuanto pueda ser pura una figura humana de la historia.

Y aquello que apenas nacía, o lo que ni pudo asomar mínimamente su rostro, lo que no llegó al vacío, lo que no arrojó sombra alguna en la historia –como es inevitable que arroje toda aparición histórica por límpida y bien nacida que sea–, reaparece.

Es el aliento, que, aún sin llegar a la palabra, enuncia un *incipit vita nova*. Pues que, quizá, desapareció hacia la fuente de la vida inextinguible que reitera, en la tiniebla y aún en el día, «Ahora comienza una vida nueva, ven».

El exilio es el lugar privilegiado para que la Patria se descubra, para que ella misma se descubra cuando ya el exiliado ha dejado de buscarla. Ya sin sed, su mirada no la vislumbra en el hueco dejado por el último rayo de sol, ni en el árbol caído que se obstina en verdecer, ni en el guijarro que todos apartan sin mirarlo, aunque brilla un poco, ni en parte alguna. Cuando ya se sabe sin ella, sin padecer alguno, cuando ya no se recibe nada, nada de la patria, entonces se le aparece. No la puede definir, pues que ni tan siquiera la reconoce. ¿Sale acaso del fondo de su ser, de ese mismo fondo inaccesible que, irónicamente, despide alguna centella para no ser olvidado? Podría ser. Mas es reconocible en una sola palabra de su idioma, de su propio idioma, la que le da esa presencia impositiva, imperante, inesquivable.

Tiene la patria verdadera por virtud crear el exilio. Es su signo inequívoco. Y así, en cuanto aurorea en la historia, en cuanto se da a ver mínimamente, en verdad basta con que se anuncie, crea el exilio de aquellos que, por haberla visto y servido, aun mínimamente, han de irse de ella. Y luego, en la historia apócrifa, sigue, en los que dentro, y bajo ella

III. El exiliado

más bien, se despiertan un día exiliados. No hay opción para ellos: o no se despiertan o se despiertan ya en el exilio. Y así, revela igualmente esa patria verdadera, siempre incipiente, siempre al nacer, lo apócrifo de la Historia. Sólo en algunas islas emerge la verdadera y ella *crea* el exilio.

Es ante todo ser creyente el ser exiliado. Creyentes hay muchos, se puede serlo de diferentes maneras. Mas, en el exiliado, el creyente lo va tomando todo para sí. De ahí, sin duda, el que se vea acusado, o al menos señalado, con cierta frecuencia como *místico,* sin que él, no admitiendo serlo, pueda dar cumplida razón de no serlo. Pues ¿qué es genéricamente ser místico sino este modo de existir en que el ser creyente, o el ser del creyente, va tomándolo todo para sí, para un sí mismo que está siempre más allá? Un sí mismo que no es trasunto del yo, sino más bien su acabamiento y aun su aniquilación progresiva, que, de haber sido percibida desde el principio del proceso de ir siendo exiliado, habría inspirado invencible horror. Y, sin embargo, hubo un instante de lucidez, dado en una suerte de impasibilidad del absoluto, de la irreversibilidad del paso de la frontera. Ya nunca más se repararía, o se repararía sin volver nunca a recuperar la situación que se perdía en ese momento: ya no habría más eso que por aversión a la retórica se había dicho tan poco, eso, una patria.

IV. El filósofo

A la memoria de mi padre, filósofo y guía.

Hay una experiencia *a priori* que permite y pide las experiencias múltiples, en la multiplicidad relativa. Esta experiencia *a priori* se da en el campo religioso y en el campo poético, mas en la filosofía es diferente a causa de su vacío. Sólo filosóficamente la experiencia *a priori* está inicialmente vacía. En el campo religioso llega a estarlo sólo en el confín, no se sabe si logrado. El místico se propone, busca, el vacío; pero la experiencia religiosa se excede porque es terror, temor, y amor entrelazados.

La experiencia poética es un lleno y un vacío de insuficiencia. La poesía no es nunca suficiente aunque exceda. Y de ahí el padecer, su padecer del tiempo y de la palabra, su ansia de aniquilación y a la par de resplandor. Su constitutivo gozo, hedonista siempre, siempre con rostros de hedonismo: su cabellera suelta, sus estrellas lucientes, su cielo movible. El cielo de la presencia es móvil, y de ahí su apasionado buscar la estrella fija, Sirio más que la Polar, el otro polo.

Mientras que la experiencia filosófica se alza *in medio coeli* y en la bóveda. Inmóvil. Es la experiencia de la inmovilidad desde la cual se mira lo móvil –es lo que de Aristóteles quedará siempre: la experiencia o la propuesta de experimentar–, pues que la respuesta adecuada al vacío es siempre un *punto:* la identidad en Parménides, el *a priori* kantiano igualmente, y hasta la cartesiana evidencia. Platón y Plotino ofrecen experiencia religiosa y filosófica al par: un imposible real. (Mas sólo el amor rompe el ser: el del ser mismo y el del propio hombre.)

1. La promesa

Todo modo de ser hombre responde a la promesa original de la impar criatura. No podría darse, y caso de haberse dado, no podría haberse mantenido de no contener una promesa. «Todo es relativo», se ha repetido infatigablemente hasta perderse de vista que lo relativo siempre lo es respecto a un absoluto, a un eje inmóvil, ya que tratándose de lo humano no podría ser un mero punto. Únicamente las series relativas pueden seguir metro y ritmo, y aparecer dentro de una órbita, aun creándola ellas mismas, elevando así lo relativo a la continuidad sin

IV. El filósofo

confusión, a una continuidad que no borra sus diferencias; esas diferencias propias de lo relativo, y que, si las pierde, cae de seguido en la masa indiferenciada que fue llamada *apeiron* en el inicio del pensar filosófico. Y así, lo relativo, las relaciones, se establecen por esta su ascensión que las encadena y sostiene, que las alza. Una ascensión que solamente se verifica si el encadenamiento surge según medida, ritmo, indispensablemente. Y aun lo relativo queda en fragmento, viene a destacarse como un pequeño astro que luce por sí mismo. Alude, más inmediatamente todavía que a la órbita de las relatividades, a la unidad no relativa –unidad o uno, según las estaciones del pensar–, a la unidad derivada del uno, o de lo uno –que aun aquí el pensar introduce, como por una fatalidad o ley ineludible, diferencias–. Y así, la unidad que abraza todo puede designar también, según las lenguas, la unidad que sirve para medir, revelando así el sentido práctico de la sacra y originaria noción de lo uno, su cotidiana aplicación. Mientras que el Uno alude a alguien, personifica, por muy abstracta que sea su aparición, por muy alta que se la sitúe. Y no es por azar que el Uno aparezca como lo absoluto que sostiene la multiplicidad de las Ideas y aun la Idea ella misma como tal. Ya que las ideas tienden, en esa especie de espacio celeste desplegado por Platón en el *Parménides,* a ser seres, casi sustancias, hasta sugerir una cierta corporeidad. El uno, ya que no puede absorberlas, es la distancia insalvable que les permite ser al Uno y a ellas. Distancia que en principio habría de ser mensurable, según número.

Todo espacio pensable, o a lo menos colonizado por el pensamiento, ha de ser mensurable, numérico, rítmico y aun melodioso. La tradicional música de las esferas no hace más que ofrecer el clavo de este hermético pensamiento, de la totalidad de la promesa que se despertó un día en la mente y en el corazón del sabio Tales. Una tal promesa no puede despertarse más que en la juntura de los dos polos que presiden, a veces hasta desgarrarlo, al ser humano: la inteligencia y el corazón, sede del sentir originario, albergue seguro y quieto de las promesas que cela en su oscuridad de caverna, hasta que un día, en un instante increíble, lo da a la claridad y a la intemperie al par, allí donde un instante antes no hubiera podido alentar.

Y el tiempo, él mismo, anda en cada promesa que aflora a la claridad desde la oscuridad, que sale con cauta frecuencia sin ser notado, atravesando la puerta, tan herméticamente cerrada, que ni tan siquiera se señalaba en la lisa oscuridad.

2. El cuerpo de la palabra

La ley de la corporeidad en este planeta, en este modo de ser hombre, es lo que rige sobre todo. Todo ha de corporeizarse, y la palabra ante todo. Por eso,

IV. El filósofo

el poema, desde la noche de los tiempos, o la luz de los tiempos perdidos, hubo de tomar cuerpo en la poesía, con su vacío inclusive. A la poesía se le ha dado la mayor concesión, que luego, siempre que se concede tanto, es para acabar en un semidesprecio. Mientras que a la filosofía, salvo en la lógica, no se le concede nada, se la condena a la soledad y, si no, a la tautología. La filosofía queda encerrada en sí misma, y, si quiere desbordarse, tiene que ir más allá. ¿Más allá de qué? Del ser y de la esencia, que diría Plotino, es decir, más allá de sí misma. A no ser que se encuentre ese maravilloso equilibrio de la física aristotélica, donde está la verdadera unión de física, metafísica y ciencia.

Y cuando esta ley de la corporeización no se cumple, en su vacío demoníaco surge la materialización, azote de nuestros días, que la poesía, la primera antes que ninguna forma de pensamiento, ha de atajar con su cuerpo, dando el cuerpo de la palabra en el poema. Es su primer imperativo, su empeño congénito, consustancial, hacer sustancia de la palabra.

La filosofía propiamente dicha, tan pálida o esquiva de presencia hoy, no obedece de igual modo al imperativo de la corporeización de la palabra pensamiento. Es más fluida y líquida, en ella se da el pensar abriendo felizmente cauce, órbita, línea. La órbita que aloja no puede ser un cuerpo. A la filosofía le ha estado confiado, exigido, lo no corpóreo ni corporeizable de la palabra. Y así dio, hubo de conformarse con dar, los cuerpos del Ser: agua, aire, fuego, tierra, y la luz, que no es cuerpo, mas que germina. De común tiene, pues, con la mística de los Misterios, y con la subsiguiente, fiel a su origen, ofrecer, aunque sea levemente, el germinar de la luz en la luz. Luz de luz su máximo don –Plotino, ya místico del entendimiento, de la inteligencia–. La poesía más apegada, profética, en cierto modo, de la encarnación, hubo de darnos el cuerpo de la palabra. Y esta necesidad es inmediata y no perdona: o la poesía lo sigue haciendo, o la palabra se materializa y con ella la mente.

El materialismo no deja de ser una doctrina, un ismo, y como tal, pobre como todo ismo. El gran peligro es hoy la materialización. La poesía, la primera, ha de atajarlo aun sin saberlo. Pues que la *virtus* operante no depende de la conciencia y menos todavía de la premeditación, sino solamente de la lealtad, de la fidelidad a la ley originaria. El palpitar que discontinuamente sigue, edifica, consolida; la mariposa que con su vuelo traza orbes y destruye lo compacto del aire, la mariposa *pneuma,* o la abeja, melisa que con su dorada dulzura disuelve y habita, da a gustar una gota diferente, impensable, una gota imposible que abre la posibilidad de la vida. Fuego la dulzura del fruto de la abeja, fuego asimilable. La poesía fue asimilable pero no pensable ni cognoscible. La poesía, alimento impensable, inesperado y necesario, indispensable.

IV. El filósofo

La poesía es el encanto hasta de la fisis. Por eso, al perderse la noción de la fisis sagrada, hubo de surgir la idea del encanto, del *charme,* y hasta del sagrado desorden de los sentidos en vez del orden sacro, mas que al fin lo invoca. A ella le pertenece el restituir la comunión entre los hombres, errabundos en su perdición.

El pensamiento filosófico puede restituir la comunión entre los hombres si subsiste la inocencia de la mirada hacia lo Uno, lo uno y la unidad, su derivada, que se reparte según número y medida. El peso queda para la poesía. La poesía carga entonces con lo pesado de la cruz del hombre y con su flaqueza. La cruz del hombre es la cruz de San Andrés, aspa, hélice, historia.

¿La filosofía ha de cargar con la historia, o ha de ser ella misma historia aparte, la historia de lo innato, la historia del ser del hombre, que, sólo historiándose, ofreciéndose también, se manifiesta? ¿La historia del enquiciamiento de la totalidad del ser humano, con su soledad, con su disparidad del Universo, la historia de la pasión del ser del hombre mantenida en la soledad hasta el límite del Reino de Dios?

Lo mucho se hace de todos sólo a través del uno, del individuo errante y solo. Así ahora, a través de la muchedumbre, pasando por la soledad específica del poeta hacia todos. Y en el filósofo, de la multiplicidad de las almas y dioses, pasando por la soledad del hombre, apurada hasta el fin, hasta lo divino trascendente, no lo divino concreto, ¿lo divino sin figura ni idea, pues?

Como todo lo humano, la poesía une vida y existencia, a menudo la una a costa de la otra, y rara vez unidas en venturosa unidad. Y entonces, cuando esto se realiza, algo es verdaderamente.

La existencia de la poesía está entrelazada con la historia, subyugada por ella, amenazada siempre hasta cuando contra ella se rebela para rescatarse. Para rescatarse de tanta servidumbre. Mas, si se retira a su sola vida, no se le da en ello tampoco el agua límpida, el aliento, el hálito, el aire. Se diría que, sometida a la ley de esta cruz entre vida y existencia, ha de estarse rescatando en ella continuamente, teniendo que respirar sin darse respiro.

La servidumbre arriesga ser cautividad. Y la poesía ha estado cautiva casi siempre, mientras que la filosofía, más defendida en su autonomía inicial, ha acabado por darse casi por completo a ella, a la historia, historizándose a sí misma, negándose. Y así, aparece, gracias al más renombrado de los filósofos de este siglo –Heidegger–, que le es necesario volverse a la poesía, seguir los lugares del ser por ella señalados y visitados, para recobrarse, sin la certeza de lograrlo tal como lo lograron los presocráticos, en quienes la filosofía no se había desprendido aún de la poesía. Gracias a Heidegger, ya que sin ese su justo renombre el tal suceso no habría sido reconocido ni tan siquiera vislumbrado, aunque en otros textos aparezca. Las situaciones, por esenciales que sean, han de estar sostenidas, apuradas, por un protagonista que aparezca con caracteres de credibilidad. Ni tan siquiera Nietzsche hubiera bastado, alemán como él, y más paciente que él en soportar la cruz de la filosofía, al borde de que se entregue totalmente, de que salga de las manos del hombre occidental, único, que sepamos, en llevar la cruz del pensamiento filosófico.

3. El filósofo

El ser del filósofo parte de no tener un ser determinado, y si lo tiene, debe abandonarlo, es el que lo deja todo. No puede ser sacerdote, poeta, sabio, legislador, porque no se puede ser ni esto ni aquello. Así va a parar a ese limbo, a esa tierra de nadie, tierra virgen. Luego, cuando aparece, su figura es indecisa y confusa, despierta sospechas.

El filósofo ha ido en busca del ser. No eran solamente los dioses quienes no tenían ser, era él mismo el que no lo tenía. Y al ir en busca del ser lo iba cobrando, mas en modo diferente, inédito, nuevo, originario. De manera que el ser se arraigara en él, que su vida se conformara por él, que su vida se fuera llenando de ser, confundiéndose con él y borrándose como vida, oscureciéndose a medida que la luz del ser le ganaba.

Buscando el ser, atravesaba el no-ser, el suyo propio y el de todo lo que se le mostraba. Descubridor del no-ser, de la carencia en todas sus formas: del no-ser de la verdad, del no-ser del conocimiento, del no-ser del amor. Pues que de esto se trataba, allá en la profundidad última de su ser no empeñado, no entregado a nadie, ni a los dioses, para que la verdad y el ser penetraran en la vida suya y en la de todos, en la del hombre.

Como la filosofía obedece a su interna ley constitutiva de la visibilidad, de la visibilidad en el modo de la diafanidad, pide al filósofo, su sostenedor y artífice, que borre su presencia, no que la oculte. La ocultación queda para el que vive o se dispone a vivir él mismo, y, si es preciso, él solo, en la completa manifestación, ubicuidad, no diferenciación de las dimensiones de la temporalidad, igualación entre vida y muerte, tal como a los iniciados se les ofrece vivir. Y lo han de pagar callando y ocultándose, al menos en tanto que individuos, perdiendo su nombre o no dándose a conocer. La filosofía es para todos, para el hombre en cuanto tal: «Todos los hombres tienen por naturaleza deseo de saber». Un saber diáfano por inequívoco, por trasmisible sin recurrir a nada más que a él mismo. Y así, el filósofo ha de borrar su presencia, al propio tiempo que la mantiene para corroborar lo que dice, para responder si le preguntan, para comparecer ante la ciudad cuando ya haya celebrado su simbiosis con ella. Con la ciudad propia, realidad y representación de la ciudad de todos los hombres.

Anónimamente transitará el filósofo, mezclado con todos los hombres, a partir de su ingreso en la ciudad tras haber pagado la prenda con Anaxágoras y el sacrificio con Sócrates. Un maestro a lo más. Un simple profesor en la tardía Europa. Un monje que enseña. Uno siempre. Uno y sin más. Y más que la persecución, el desconocimiento será su séquito. El desconocimiento, hasta llegar a la soledad de Nietzsche, en quien se proclama la imposibilidad del maestro de filosofía. Suerte que rozará a todos los que después de él vinieron. Pues, o bien apartarán de sí la sombra del discípulo (aunque no la colaboración, el hacer común que no borra la soledad), como Benedetto Croce, que tuvo ciudad y patria, o se verterán en la nación entera, como Ortega, sin soñar tan siquiera con la llegada del discípulo. Era la sociedad entera, y de ella, su factora, la elite, la verdadera receptora del quehacer filosófico. Más apegado a la enseñanza universitaria, el alemán Heidegger señala a su modo el término del discipulado. Pues en Filosofía, y quizá en todo, la existencia del discípulo se hace vigente con la fundación de la Escuela. Sin la Escuela, el discípulo tiene carácter de adventicio, voluntario, ambiguo.

El filósofo, lejos de ser un bienaventurado que vive sin cautela, está siempre rodeado de cautelas, como las que acabo de citar. No le bastan los discípulos; por el contrario, huye de ellos. Y el final de Nietzsche lo sabemos: loco, escuchando de su madre la Ética de Spinoza o la música que para él interpreta su hermana; solo, con un aire feliz, únicamente interrumpido por alguna desesperación que la madre sabe apaciguar. Qué carrera esta del filósofo, que nació para enseñar en continuidad, y acaba así, más allá del bien y del mal, que no puede dejar de recordarnos el más allá del ser y de la esencia de Plotino; quién lo diría, más allá siempre de ella misma o en otro lugar inasequible. ¿Cuál acaba siendo entonces, para el futuro, el lugar de la filosofía? Tal vez uno de sus lugares privilegiados no haya sido el estoicismo sino el cinismo, el inquietante y desconocido cinismo.

4. La revelación del ser

La revelación del ser a solas, del ser sin sujeto, le fue dada a Parménides. Una plenitud que ningún sabio había obtenido. Y por ser plenitud, no permitía movimiento alguno, ni de la vida ni del ser de quienes la recibieran. Sólo el desasimiento del propio ser, de esa exigencia de ser del hombre, podía hacer posible la presencia del Ser uno y único, sin poros, sin vacíos. Una respuesta dada por sí misma sin pregunta que la precediera; como toda revelación, un exceso, y, más que ninguna otra, un absoluto, el absoluto mismo. La revelación del Dios que es, la infinitud, la apertura del tiempo al par que su anulación, y con ella, la de un espacio cualitativo, la de un lugar, un más allá. La zarza que sin consumirse es imagen de vida inextinguible, de eternidad viviente. El ser revelado a Parménides, pura identidad, ofrece y exige del hombre la identidad del pensar con el ser. Se trataría de una identificación total dada tan sólo a la mente.

Y la vida quedaba anulada sin que ni tan siquiera le fuese dada al hombre esta enunciación. El ser será entonces el equivalente de la renuncia a ser del hombre, la respuesta total a la anulación de este pretender ser dado, recibido. Recibida la pretensión de ser, recibida la revelación del ser Uno como respuesta a este no-ser que distingue al filósofo primero del resto de los hombres y que le convierte en testigo único y en asistente a ese ser a través de un punto, un solo punto, que es la identidad del ser con el pensar. Y este pensar es lo único que no se le quita. Mas el pensar sin discurrir, sin movimiento de la mente, la mente humana entonces asimilada al ser uno, convertida ella misma en ser.

Y así, el filósofo venía a ser un absoluto; por su renuncia había obtenido la revelación de lo absoluto. Y no podía hacer más que cantar. Poema, canto, himno sacro, que en un punto había tocado a lo divino. Había dejado de ser sujeto el filósofo, y, aun por las respuestas habidas hasta entonces, había escindido el sujeto del objeto, lo había creado por la pregunta o por el definir el ser de las cosas, simplemente por haber enunciado que las hubiera. Él era distinto de las cosas, de cada una y aun de todas juntas. Y ahora, las cosas, y por tanto su distinción, desaparecían en el ser; desaparecían los huecos entre una y otra por Unas que fuesen todas –agua, aire, fuego y *apeiron*–. Sólo el Ser es.

Como una aparición, el ser había llegado, presencia única, a la unidad escondida. Nada oculto podía subsistir. Y de que algo oculto haya procede la vida; de algo oculto que alienta, y que, al alentar, crea, da la respiración. ¿Será el fuego revelado por Heráclito «el oscuro»? Mas la presencia una y única no se borra jamás de la mente del filósofo. ¿Será acaso la revelación de la mente divina?

Entre todos los modos de ser hombre, el que menos lugar encuentra aquí parece sea el del filósofo, siendo el hombre el ser que no encuentra lugar que lo reciba, ¿mas que lo espera acaso, que no lo teme, más bien, como a un irruptor? Extraño en todo caso, ¿a qué viene? El hombre es el que llega, y, entre nosotros, las figuras divinas privilegiadas son las de un Dios o ser divino que llega, que viene: Apolo, Cristo, a los que corresponde un oscuro dios que de la tierra se levanta en llamas –Dionisos–, para hermanarse con él sin conseguirlo, pues recae en la tierra, su lecho de muerte, para luego renacer siempre de la misma manera.

IV. El filósofo

Y el Cristo caído, a solas en el abismo de la divinidad impenetrable, del abismo que se ahonda y que no le ahorra el lugar de la muerte, para que haya de resucitar, ya sabiendo o sin saber todavía. ¿Qué le fue concedido saber? Padeció. Padeció ser el Verbo, la palabra divina total *ante omnia secula,* según enuncia Plotino –el filósofo antecedió al Símbolo de la Iglesia–. *Per quem omnia facta sunt.* ¿Y cómo lo supo el filósofo? Él, acaso ante todo, desde *ante omnia secula,* lo estuvo padeciendo.

Y si el Verbo se hizo carne, ¿a qué la filosofía? ¿En qué quedaba su posibilidad –su necesidad–, cumplida ya la función, tan poco adjudicada a ella, que es la de profetizar? ¿Quedó libre, entregado sólo al hombre algo? ¿Quedó acaso el hombre solo, a solas cumplida la encarnación? ¿Quedó el hombre al fin en su soledad como en su reino? ¿Iría a encontrarse con algo en esta soledad ahora ya pura, con alguien? O era acaso ese su reino la parte que se le otorgaba al fin del Reino único, indivisible, y ya no habría que seguir aguzando el oído para oír y a ciegas obedecer, como se le había exigido, y con tanta irónica crueldad a veces, por sus dioses, y el de la Luz el que más. ¿Y las criaturas? ¿Los animales guías le seguirían enseñando, le hablarían las plantas, le dejaría la tierra sin su voz oscura, aterradora, sin sepultura tal vez?

Los primeros filósofos iban errantes. Iban aquellos filósofos solos, separados de los dioses, mas no de la poesía. ¿Qué nuevo género de poetizar era éste? Y el nombre de filósofos, antes había sido dado por los pitagóricos, que iban solos como un animal desconocido, con una meta desconocida o sin meta alguna, en una especie de presente inicial, único.

Eran una especie de comunidad los llamados «pitagóricos». Aristóteles nombra a Arquitas y a Filolao con sus nombres propios; los demás quedan únicamente señalados de una forma que no significa la duda acerca de su existencia sino una descalificación personal que todavía en las entrañas de la vida mediterránea subsiste; la máxima descalificación se refiere al sujeto mismo que no entra en el recinto de lo nombrable, que vaga fuera del logos que le da nombre, existencia, como ser.

¿Los consideraba acaso una secta, nacida de un misterio y no de la develación que era ya la filosofía? ¿Eran, pues, la ocultación y los grados que en la comunidad se manifestaban? ¿Era también él la mira del poder que la ocultación supone y que lo sustenta?

Se habían establecido, habían ejercido por un tiempo grande influencia política en el contorno. Se presentaban como hombres, como seres diferentes, singulares, mientras que el filósofo tenía que comparecer simplemente ante la ciudad sin grado ni jerarquía alguna. Sócrates lo había pagado en modo trasparente. Era como todos, y su *Daimon* le decía –según él– únicamente «no»; le avisaba, dejándole la libertad, la soledad del hacer, del sentir y del pensar. No obedecía. Fijo en medio de su ciudad única, estaba solo. No iba, se había fijado. Y no era ya un poeta. El entusiasmo era en él inspiración; aparece inspirado especialmente en el *Simposio,* ¿por cuál divinidad? Una suerte de entusiasmo que rezumaba hasta de sus silencios, de su incoercible modo de conducirse. Sócrates, en medio de la calle y entre las gentes, era él, Sócrates, él siempre y sin igual.

¿Quiénes eran los que iban solos, habiendo dejado atrás a los dioses, haciendo imposible su ser y aun su vida? ¿Qué podían los dioses ante el ser uno, sin poros, idéntico al pensar, total, esférico? O ante el logos, físico también, fuego que se enciende y se extingue con medida; ante esta medida que, sólo por serlo, sería ya, sin discurso, algún logos. Y antes, los elementos, agua, aire y los cuatro que Empédocles denominó raíces del ser –¿sus entrañas trasparentes?

En su vagar errante o en su retiro casero –*domus,* y no ciudad, vemos en el vivir de Heráclito, hogar como ningún otro–, los hombres que se acercaban a ellos, los que harían corro para escuchar el canto del eleático, no aparecen, no cuentan, nada dicen, y su mirada no se deja sentir en el canto.

Es el Universo, el Cosmos –orden, armonía–, lo que aparece sin gobierno alguno de los dioses, que, en caso de existir, no se ocuparían para nada ni del orden ni del hombre; extraños huéspedes habían de ser, elementos quizá, nubes o sombras del ser, o sueños del logos, si es que existían. Iban solos aquellos filósofos. Mas, ¿solos enteramente? ¿No irían entre las sombras de los dioses y las del inmediato, visible, sensibilísimo disputador de la vida, el animal y la enigmática planta, entre los dones reales que ofrecen y que no son palabra? Y si no son palabra, son sombras, ¿de qué? Seres en sí mismos, planta y animal. Seres ensimismados. Habitantes de este universo común para todos –antes de que apareciese el hombre sapiente–, sin esfuerzo y sin vacilación, sin pausa ni singularidad entre ellos, como si entre ellos el vacío no se abriera nunca.

5. El Guía

El Guía, así, escrito con mayúscula, es solamente una mínima parte de una inmensidad, en verdad de una infinitud. No es más que la presencia en diversas formas de ese transitar infinito que aquí en la tierra sólo podemos llamar ilimitado. Y por eso, el Guía ha de cambiar de aspecto, permaneciendo él mismo, haciéndose mayormente él mismo, a medida que cambia. Sólo si se muda de aspecto para ser, cada vez más, y cada vez más inexorablemente, él mismo, es el Guía verdadero. Se expande, se multiplica, se esconde y reaparece. Cuesta pena a veces reconocerlo, y se experimenta entonces el temor de la infidelidad. Es otro, las circunstancias, se diría cuando se le reconoce.

Mas el Guía atraviesa las circunstancias y se aviene al par a ellas. Signo de su mediación benéfica. La mediación adversa –la que ejerce y ejercita infatigablemente el adversario– es puramente circunstancial, circunstancial de ablativo se diría en términos gramaticales. Las circunstancias ineludibles, aceptadas como Guía, son decadencia, como decadente es el caso de la declinación. En ella, en la declinación, sólo el nombre tiene plenitud de valor cuando es invocación, respuesta, llamada; y el acusativo –hacer recaer sobre alguien una acusación o un modo de ser, para bien, y más frecuentemente, para mal–, sólo estos dos casos sitúan al sujeto en sí mismo. El circunstancial de ablativo sitúa al sujeto entre lo que le rodea; si a él se va a parar, para en él confinarse, es el caso de la disolución del ser, de su responsabilidad, de su autonomía, también y antes, de su genialidad.

El Guía esclarece las circunstancias y las hace transitables. Llega a iluminarlas de tanto hacerlas desvanecerse en esa su luz. Entonces, por el momento, se las ve en toda su magnitud, en *sistema* –sea dicho en honor del pensamiento de Ortega y Gasset; si la vida, ella, es sistema, sólo ha de ser visible y cierto si las circunstancias se iluminan por el amor que va a «salvarlas», según se dice en las *Meditaciones del*

Quijote, el libro que debió de ser su Guía–. Mas, seguidamente, las tales circunstancias se subsumen en las circunstancias universales de la vida humana, inmediatamente, sin dejar aliento en nada, en la nada que antecedió y antecede a la creación.

El modo pleno de ver las circunstancias, el que haría innecesario hacer sobre ellas lo que se llama pensar, o lo que sería el resultado del pensar, que lo dejaría atrás, sería el verlas del otro lado, el darlas la vuelta, invirtiendo así la situación entre ellas y el sujeto, que, en vez de estar por ellas cercado, las rodearía él. El movimiento de circunambulación, prescrito ritualmente en ciertos lugares sacros, quizá sea una indicación o signo de ello. Una cierta indicación solamente, pues que el rodearlas sería hacer de ellas centro, encontrándose así el sujeto fuera de su lugar propio: el ser, él mismo, el centro al que las circunstancias rodean, ya que es natural, al dar vueltas a algo, hacer de ello centro en su conjunto o sentir el centro encerrado en ese recinto. El sentir del centro vive dentro de la conciencia y más allá de ella, más adentro.

Tratándose del conocimiento, y antes aún, en lo que precede a su búsqueda, el Yo, el sujeto, se hace a sí mismo centro. Y al declararlo, nombrándose a sí mismo *chose pensant* o «sujeto del conocimiento», se objetiva a sí mismo. En la Razón Vital, el Yo está simplemente enunciado como un dato del que se parte, como el punto de partida dado radicalmente en la realidad que es su vida, dentro de ella. Mas está ahí como una afirmación, ¿como resistencia? ¿Podría el sujeto del conocimiento, que, antes aun de obtenerlo, trata con la realidad sintiéndola y sintiéndose, despojarse de su afirmación para permitirle a lo que le rodea que se muestre y quizá que no lo circunde, que las circunstancias dejen de aparecer como un cerco? ¿Podría, de este modo, ir más allá de ellas sin abandonarlas?

Más allá de las circunstancias que circundan el horizonte se llama al que busca el conocimiento, que es simplemente el que no abandona, el que no suspende el sentir originario, el que no desoye ni desatiende la presencia no objetiva de algo, de un centro que a sí mismo y a su contorno trasciende.

V. Los bienaventurados

Desde el fondo de la soledad y aún más de la desdicha, si es dado que una ventana se abra, se puede, asomándose a ella, ver, pues que andan lejos e intangibles, a los bienaventurados. Siendo los seres perfectamente dichosos, solamente en la hondura de la desdicha se hacen presentes, se aparecen. Y no en una desdicha sin más sino en una cierta y determinada, en aquella que envuelve al ser casi por entero, en la que afecta y pone en entredicho al ser mismo que se siente a la merced de todo y de cualquier adversario, a punto de sumergirse en la adversidad misma, en la ilimitación de algo que debía de aparecer únicamente como una isla identificable, no como un mar sin límites y de fuerza y duración incalculables. La ilimitación de la réplica, la plenitud de lo concreto contrario, del conflicto que pierde sus caracteres de tal al extenderse sin dar señales de pasar. Ante la extensión ilimitada de la contrariedad y del desmentido de cualquier pequeña esperanza, la desdicha se hace desconocida. Y si no se consigue quedar en la pasividad flotando sobre esta amenaza, acogiéndose a ella, la amenaza de extinción del ser andaría a punto de cumplirse o se cumpliría quizá. Es lo inteligible del destino envolviendo la vida, retirando con ella todo posible asidero o punto de referencia. Sólo se logra la plenitud del ser bajo una total carencia o una continua sed; un sufrimiento inacabable puede ofrecer vida y verdad, única posible vía de rescate.

Y aparecen así en ronda, en una especie singular de danza que es al par quietud, los bienaventurados, según nos han sido dados. Hombres sin duda, seres humanos habitantes de nuestro mundo, nuestro mismo mundo y de otro ya al par; corona de la condición humana, que, al quedarse sólo en lo esencial de ella, en su identidad invulnerable, se aparecen como criaturas de las aguas misteriosas de la creación, a salvo de la amenaza del medio y de la desposesión del propio ser.

Los bienaventurados son seres de silencio, envueltos, retraídos de la palabra. Salvados de la palabra, camino van de la palabra única, recibida y dada, sida, camino de ser palabra sola ellos. Envueltos como capullos, irreconocibles, lentos. Mas su lentitud resulta engañosa para quien desde fuera los mira, y todos los miran desde fuera en principio. Es necesario darse

V. Los bienaventurados

cuenta de estos seres sin más, formas, figuras del ser, categorías, pues, del ser en el hombre camino de atravesar la última frontera. Seres de silencio, sufrientes todos, pasivos pero no herméticos. Blandamente están ahí, tan inmediatos y remotos al par. Para acercarse a ellos hay que participar en algo de la simplicidad que es su condición, de la simplicidad que los ha tomado para sí.

Sufrientes, padecedores y terribles cuando se los quiere abordar y entrar en discusión con ellos; cuando alguien se lanza, ciegamente ha de ser, a tratarlos según su uso y manera, se le muestran como fuego, como lisa hoja de frío acero, como algo intangible. Son intangibles, inaccesibles, porque son. Seres ya idénticos a sí mismos, en lo que se distinguen del santo; pues que el santo padece y alumbra para ser un bienaventurado, ya invisiblemente algunos a lo menos, algunos: los heroicos. El bienaventurado carece de virtudes heroicas; y carece de virtudes como carece de palabras, porque ya no está en el reino de lo discernible.

Apenas se le discierne al bienaventurado; en verdad, nunca puede ser discernido por humano intelecto. Es bienaventurado por eso, o eso es lo que resulta de su bienaventuranza, el no ser discernido. Y si es sometido a juicio, como suele serlo, apenas se hace visible es juzgado por otra cosa. Siempre por otra cosa, ya que hay que envolverlo de alguna manera, encerrarlo; encerrarlo dentro de una cárcel de conceptos por lo menos; eso, si no se le puede encerrar en una cárcel de espesos muros, de materia densa, porque entonces el razonamiento y los juicios, aunque sean teológicos o filosóficos, ahora psicológicos, funcionan como materia material: espesor, impenetrabilidad, sordera. Que el respirar del bienaventurado, su fuego sutil impalpable, no se oiga; que su mansedumbre no trascienda. Ni el perfume, la indescriptible fragancia que se expande suavemente de ese su ser. Ni ese su modo de moverse, de avanzar sin alteración, de retroceder sin cautela; ese su movimiento libre de alteración, su consustancial quietud. Ni su sufrimiento, que es padecer escondido, aunque sea de persecuciones por la justicia. Tan escandaloso y visible, a lo menos como suele ser este padecer persecución, cuando de ellos se trata, no es oído ni atendido, es ignorado, en el más razonable de los casos. Ellos, los imputados siempre, aun cuando sufran persecuciones por una justicia estatal-política, que, tratándose de otros, levantarían clamor.

Los bienaventurados están en medio del mundo como rehenes, retenidos bajo cualquier aparente causa, sufren. Y el sufrimiento está en ellos distribuido según su especie, pues que se está tentado de creerlos al modo de los ángeles, individuo y especie unidamente. Mas son hombres en quienes la condición humana se especifica desde la lograda identidad. Son lo que son sin contradicción alguna. Y así,

V. Los bienaventurados

vienen a parecernos como personajes o actores de un drama constante: la unidad del ser del hombre, prisionera de las contradicciones del mundo, ya que el mundo es eso ante todo y hasta el fin, sede de la contradicción. De la contradicción asentada, consolidada, persistente, enemigo de por sí de todo ser simple o criatura insobornable. Y así, la contradicción congénita del mundo se siente fascinada por todo aquello que transita por él insobornable, donde sus alusiones no prenden. Ya que la contradicción mundanal se hace reflejo, eco, alusión, incidentes, causas ocasionales en suma, pues la razón y la verdad se esconden entre las circunstancias. Y la vida misma se embosca acobardada.

Se despierta, así, eso que se podría llamar, en términos contradictorios, «espíritu del mundo», suplantación del espíritu alusivo también; se despierta y se alza, y al alzarse, se abaja y enreda, y captura al bienaventurado, y, aunque no haya llegado a serlo, al insobornable, y lo retiene con una avidez que sólo entendiéndolo de este modo puede explicarse.

Y en el conocimiento el drama se repite, la contradicción que se resiste a disolverse, a ser diluida o absorbida por la unidad; la aprisiona en una contradicción exasperada, pues que le cierra la vida de su manifestación, de su acción en la mente humana al par, inexorablemente. La dialéctica, con Zenón, responde ingenuamente a este peligro, mostrando las contradicciones del movimiento, cerrándole el paso, privándole del contacto con el ser; lo que, como se sabe, Platón rehízo mirando desde el ser el mundo, que así se aparece, más que como contradicción, como apariencia.

Seres que han logrado la identidad y que la llevan ostensiblemente, a modo de un sello que los hace discernibles, haciendo asequible así su misteriosa vida. Intangibles y capaces de una comunicación que apenas hacen sentir; comunicación que, sin ofrecerla, dan, pues que, parte de ese reconocimiento del ser que configura a la vida, y que, en los seres que no son ellos o dentro de los cuales ellos no alientan, crea una distancia insalvable. Aquellos humanos que han llegado a la identidad o la bordean, si no llevan dentro de sí un bienaventurado, crean soledad en quien pretende obtener de ellos una noticia, por leve que sea, de esa vida que escondida llevan en sí; son todavía, y quizá más verdaderamente que nadie, propietarios de su vida o, al menos, celosos guardianes de ello. Así, algunos seres de profunda meditación, algunos ascetas a medio camino, algunos poetas en busca de la palabra o poseídos por ella, y sin duda algunos filósofos, que fueron así librando tan sólo a la escritura su diáfano pensamiento, sin haber irradiado diafanidad en torno a su persona viviente, han de ser poseídos por ella. El tesoro que recelan se expande de algún modo, mas siempre contenido en una forma, en una figura, en una obra. Entre ellos han de estar los autores de veras,

V. Los bienaventurados

condenados así a no darse más que en su obra, a cruzar la vida anónimos, reacios y hasta tacaños de su ser. Mas ellos tocan ya la bienaventuranza de la pobreza de espíritu, de esa pobreza que se recoge para darse en forma duradera y que ha de hacer sufrir al ser en quien se da continuo padecer, y hasta hacer el sufrimiento de los perseguidos por la implacable justicia, a veces de la tierra y del ser mismo, que les manda no dar sino, en cierto modo, que les impide darse, darse a sí mismos directa e inmediatamente.

Y los no autores de nada, de esquirla de obra alguna, los que en silencio meditan para sí, han de andar camino de la depresión; y en ella, cogidos por ella, en lucha todavía por la posesión. Ya que, en ciertas zonas de la vida, el camino se abre a partir de un centro que llama y que, una vez que lo ha hecho, no dejará de seguir llamando; por eso aparece la lucha, y aquel en quien se da no puede por menos de sentirse perseguido.

Mas ellos, los bienaventurados, han salido ya de toda antinomia. La primera es, ya que así se nos muestra, la que proviene del poseer que, inevitablemente, y por perfecta e inocente que sea su forma, trae el ser poseído. Del perfectamente pobre que, careciendo de todo, no carece de nada. Mas, ¿qué podrán poseer el pacífico y el que llora? En el primero, se da la paz que excluye toda lucha; mientras el que llora, se ha hecho claro manantial de todo el dolor, del dolor sin calificación alguna. Ya que, en el dolor que se llora, puede existir el sentir de algo propio imparticipable que se ha perdido, de un bien que no se compartía ni podía compartirse. En este caso, es también el llanto el modo de comunicación, el llanto que, él sí, puede compartirse, que llama a ser compartido.

Hay viajes interterrestres que no se cumplen o verifican más que en las cimas o en los espacios habitados casi invisiblemente por los bienaventurados. Hay lugares, lugares recónditos, que solamente aquéllos conocen o vislumbran, lugares al filo del silencio, del ser y del no ser. Se podrían dar, pero el no ser es más fácil que el ser; en el ser hay siempre un esfuerzo, una tensión que los bienaventurados apenas se permiten romper. Sólo el silencio del Espíritu sería la expresión más afortunada de su presencia. Silencio propio, cualitativo, incanjeable, que no puede ser confundido por ninguno de los dos polos del silencio, el mutismo y el pasmo, que ha de producirse cuando pasa el Espíritu como si fuera lo más puro de la doncellez de una niña verdadera. En la pintura española se ha logrado ese silencio en los ojos de la niña entregada a una labor doméstica, la niña aprendiendo a coser de Zurbarán, en la luna de muchas inmaculadas, en esos cielos que en ninguna otra pintura hemos visto.

Los bienaventurados nos atraen como un abismo blanco. Esa blancura del pensamiento que sería, quizá el posible lector se extrañe, propio de un Nietzsche cristiano o a punto de serlo, esa cima más allá de todo y más allá del Todo igualmente, que se detuvo en la misma locura, cuando tenía que comenzar a escribir él. Los bienaventurados se detienen por sí mismos, no han empezado ni siquiera a soñarse ni a ensoñarse a sí mismos, a su propio pensamiento. Están como alojados en el orden divino que abraza, sin tocarlas, todas las cosas y todos los seres, todas las almas también, como una posesión amorosa que ni necesita ser sospechada en quien la recibe, si alguien siente la tentación de hacerlo por escrito, como una carta que se escribe, anónima pero muy delicadamente, para uno mismo.

Están rondando en silencio en una danza que, cuando se hace visible, es orden, armonía geométrica. Mas de una geometría no inventada, de una geometría dada como en regalo por el Señor de los números y de las danzas, por tanto invisible, insensible, es decir, con un mínimo de «materia sensorial». La danza de lo acabado de nacer, o de lo que no ha nacido todavía, o de lo que nunca nacerá, pero la danza que es danza para siempre.

VI. El místico

1. San Juan de la Cruz: Figuras de su firma y tres palabras

Sin duda alguna que debemos el esplendor de la firma de San Juan de la Cruz al siglo en que vivió, e igualmente así hubiera sido en los siglos que siguieron hasta llegar a ese momento difícilmente señalable del siglo XIX en que las firmas se simplifican y hasta se anihilan. Se diría que, a medida que la presencia y exigencia del individuo crece, la manifestación de su nombre propio se va reduciendo, desencarnando diríamos. Mas es de un ser humano como Fray Juan de la Cruz el que, al firmar, obedeciese a los dictados de la época. Y más bien cabe agradecérsele a esta riqueza usual de aquel entonces que diera la posibilidad de que una tal firma se diese sin deliberación, ingenuamente, sin que se parase en ello ni un solo instante, como cabe pensar de su autor. Ha de verse así en estas figuras que la firma nos libra algo positivo, un signo revelador. Bien pudo irla reduciendo hasta prescindir de ella, como le sucedió a Santa Teresa, que en tantas de sus cartas la deja sola, deja su nombre solo, en el aire. Con lo cual vemos que resulta tan fácil el sostener lo dicho al comienzo acerca del crecimiento del yo individual que va desencarnando la firma. Teresa de Jesús anduvo siempre muy lejos de cualquier forma, o tentación tan siquiera, de tendencia hacia la desencarnación. Todo lo contrario, según aparece con evidencia en su obra y en sus Fundaciones.

Aparece la firma irradiante de belleza y de firmeza, y aun de una cierta complicada figuración. Sorprende un tanto en este poeta y santo, maestro también de mística. Sorprende y maravilla, porque en su vida se dibuja sin color la figura del «pobre de espíritu». Y en ello colaboró cuanto pudo. Limpio de corazón, que no se conformó con serlo porque sí, por ventura. Recorrió y nos tiende el camino de la purificación, que llegó a la mortificación de los sentidos, en acecho siempre del apetito, hasta llegar en la *Subida al Monte Carmelo,* obra doctrinal, a la modificación de las potencias del ánima. Nada le detenía y nada le llegaba a su íntimo dentro más que la llama de amor, y a nada acudía más que a la fuente que mana en la Noche. La presencia del bienaventurado se deja ver y sentir más todavía en lo que explica y comenta, hasta el punto de que nos sugiera –aunque no sea él solo entre los santos y especialmente los místicos– si es *conditio sine qua non* el que se cumplan algunas bienaventuranzas en el santo, algunas o todas, si es que en cada una no están todas de alguna manera, como en la figura de una danza perfecta está toda la danza y cada uno de sus pasos. De si el santo es, en suma, un bienaventurado; de si es su condición la materia preparatoria o, a la inversa, que haga falta estar tocado de santidad para llegar a reposar idéntico al fin en sí mismo en el estado de bienaventuranza, cualquiera que sea su específico nombre, de si proviene del bienaventurado o del santo la inmediatez de su acción. Mas no es éste el lugar señalado para el pobre de espíritu. Limpio de corazón se le ve a Fray Juan bajo la belleza impar de su cántico, bajo la sutileza de su prosa y el no fácil de seguir encadenamiento de su discurso. Contraste entre un ser y su manifestación por la palabra, que igualmente se revela libre de la vigilia que el uso de la palabra le imponía, en la firmeza, nitidez, belleza y sobreabundancia de figuras con que su nombre, tan insignificante entonces, se nos da como significativo regalo.

Aparece ostensiblemente la figura de un corazón a la izquierda, en el límite mismo. Firme y delicadamente está formado por la línea vertical erguida y combada en su extremo de la F y el trazo, de forma inesperada, de la J de su nombre. El trazo que formaría propiamente la inicial de su nombre, el trazo necesario, tiene mayor fuerza y espesor y está curvado hacia dentro, y se junta abajo con dos líneas que pueden ser una sola: una línea horizontal, que, de este punto crucial parte, modulada sin temblor, y que podría ser la continuación, en una forma violenta en ángulo de cuarenta y cinco grados, de la línea ascendente, que, nítidamente, dibuja la mitad izquierda del corazón hasta la altura misma en que iría a juntarse con el trazo de la J, sin llegar a tocarla. Dejando, pues, una apertura, se vuelca otra vez en un ángulo curvilíneo, pues que sube más arriba, y en la cima se curva hacia dentro, como protegiendo con su fino trazo todo el corazón y aun toda la escritura. Y vemos aparecer otra línea innecesaria, curva en su parte superior, muy breve, que corta el ángulo superior, atraviesa la parte superior izquierda del corazón mismo, lo que sería el lóbulo, formando un triángulo, y al descender forma otro mayor rectángulo exterior al corazón; y aún sigue hacia abajo, cortando la línea horizontal ya señalada, y a punto de cortar o cortando la otra línea horizontal, que va más allá, viniendo desde el trazo final de la última letra, y que sería propiamente la firma.

El corazón, pues, queda abierto en su parte superior hacia la derecha, y dentro del lóbulo izquierdo aparece esta menuda figura llena de vida, un signo creado por la F, que haría soñar en una especie de

VI. El místico

embrión de otro corazón, quizá, o de otro centro que en él se iría formando.

Las letras todas bien trabadas, respirando al par cada una de ellas las tres palabras que se extienden y se limitan. Quedan dentro de un espacio formado por la figura inicial y por la final, la que forma la Z al salirse de sí con una nueva violencia, alzándose, descendiendo después hasta sugerir la cabeza de un pájaro o la proa de un navío. La línea de la firma propiamente dicha nace de lo que podría ser la garganta de este pájaro o la hendidura de la proa navegante, no nace recta sino combada, como formando un pecho de paloma del que salen dos alas o patas que, igualmente, sugiriesen el cortar las aguas como una hélice esencial. Van mandadas así, en la firma toda, las palabras, como empujadas por el corazón que las gobierna y preside, como un signo, como una bandera con algo de lábaro, como una preciosa presencia, y su mandato se trasmite o se acuerda con la figura final donde acaban las letras y se inserta la firma.

Todo su nombre, pues, navega custodiado dentro de algo, sin defensa defendido, sin defensa alguna erigida hacia arriba; y se mueve, transita, trasciende, conteniendo este corazón y su misterioso signo, contenido todo ello sobre el vacío, que bien podría ser el de la inmensidad de las aguas. O la ilimitación simplemente.

No se diría ante la ingravidez de la obra de San Juan de la Cruz, prosa incluida, ni tampoco ante esa mínima vida que llevó, y que para él era ancha, que construyera esa manifestación de su nombre, terrestre al fin, que no se remitiera enteramente a ese nombre secreto y único que se recibe del Padre, que confiere a quien lo recibe el total nacimiento. Al hacerlo se da a ver naciendo aquí, sin saberlo, porque sí, indeclinablemente. Como indeclinablemente se declaró en su poesía, y en modo más renunciable, en sus comentarios. No ciertamente en su tratado *Subida al Monte Carmelo* ni en sus *Avisos y Sentencias,* obra de guía, más que de maestro, de conductor que sin imperio llama a ser seguido, obra de voluntad sin duda, de esa voluntad que es querer sin condiciones.

No tuvo, pues, defensa, aunque sí cautela en la manifestación de su ser, de lo que en su ser hacía y conformaba. Su firma es un poema revelador de su darse enteramente, sin saber sabiendo. Un poema revelador esta firma, ninguna jactancia hay en ella, ningún narcisismo. No se mira, mas se da a ver, que es el don del que no se detiene a mirarse en agua ni espejo alguno, aunque sea de cristalina fuente. No mira en ella para verse sino para [ver] «los ojos de mi Amado que tengo en las entrañas dibujado». Y así, sus entrañas mismas se revelan hasta en esa firma, donde se figura inequívocamente un corazón firme que resiste visión y unión de amor, un corazón que es un vaso que recibe sin deshacerse. Un vaso donde la unión se hace, ese misterioso embrión tan

VI. El místico

firmemente trazado. Signo de lo inconcebible. Y el enigmático pájaro, distintamente señala sólo lo suficiente, avanza sin moverse. Todo el conjunto parece un movimiento de algo inmóvil y quieto, aristotélicamente el motor inmóvil, pensamiento de pensamientos. Y un pensamiento parece ser este corazón, un solo pensamiento que, poseyendo ya una forma, alberga otra desconocida que dentro le germina. Un solo pensamiento, que, en vez de discurrir, transita. Lo que aparece en su poesía, y aun en su razonamiento, en la prosa de los *Comentarios*; aún en ellos ese algo que pasa trasciende los razonamientos, suceso que se da no sólo en las obras espirituales sino en las filosóficas. No hay filosofía propiamente si en ella no se da algo que sostiene y abandona al par a la arquitectura de la razón.

Aquí la arquitectura se encuentra en lo que podía ser la nave-pájaro preservada del agua o del vacío, de «lo otro» que se piensa o imagina que pudiera, llegado el momento, desprenderse de las figuras de la firma, corazón, signo naciente y pájaro, y del nombre tan firmemente declarado, para dejarlos ya librados a sí mismos, a su movimiento propio impartido por el enigmático y débil pájaro. Y aun que las figuras unificadas, hechas una sola, se separen del nombre, y que el nombre vaya así a parar a otro reino, el de lo claramente visible y discernible para humanos ojos. O bien que el nombre mismo se haga uno, un solo nombre, llevado junto con las figuras que lo gobiernan y encuadran en la firma; llevado junto a ellas hacia el reino de la identidad, de lo indiscernible. A lo que no se opondría que el nombre visible y discernible quede al mismo tiempo aquí, en este lugar de la visibilidad y del pensamiento, que necesita siempre discernimiento. Y la poesía, donde se realiza visiblemente la unión vivificante, ya que sólo lo vivificante es prenda de la identificación verdadera.

VII. La respuesta de la filosofía

No hay método ni dialéctica, sólo tránsito, trasmutación de la Tierra y la Luz en el Agua y el Fuego. La filosofía es el fuego incesantemente encendido hasta lograr la continuidad, la línea invulnerable que surca el agua ya en parte purificada. Pues que el fuego no surca el agua oscura primaria, sino el agua segunda o tercera ya especificada en su cuerpo, última operación que precede necesariamente a que se encienda el agua. En la filosofía, el fuego no ha de verse, el agua ha de sentirse como corriente, casta flor de visibilidad. *La respuesta de la Filosofía:* un torpe arroyo.

La pintura, escribí, sale de la Tierra y de la Luz. Sí, todo lo primariamente visible. La filosofía –posesa de la visión y de la visibilidad, *eidos, morfé,* forma– es la visibilidad de segundo grado. Hoy la visión –mística o iniciática– nos prepara, apetece, persigue algo más amplio y universal –para todos– que la visión del iniciado o místico no pretende, y aun la del místico la ofrece en ansia, en afonía. De ahí que el místico haya de ser por fuerza filósofo o pensante.

Guénon no ha visto que en el pensamiento filosófico haya algo irrenunciable por universal, por anhelo de Universo –el Todo y el Uno–. La manifestación del Reino, su visión, a veces a punto de ser lograda, es la parte del pensamiento de la Filosofía, la manifestación no de Dios sino de su Reino. *Adveniat regnum tuum.*

¿Hubo alguna vez un lenguaje al que las cosas nombradas dieran de algún modo su consenso? Objetos, animales, plantas, astros, distancias... Las cosas mudas, impenetrables, cargadas de mudez –no de silencio–, resistentes, han ido apareciendo ante el modo de lenguaje que conocemos y que nos preexiste. Reconocer esto último no es gran novedad. Las cosas no aparecerían como tales *cosas* si al nombrarlas y al referirnos a ellas (al relacionarlas, al pensarlas) esperáramos de ellas una respuesta, o al menos la anheláramos. Si nombrarlas equivaliese a llamarlas para obligarlas a levantarse de la inercia en que están sepultadas. Si el ser o aparecer como *cosas* no fuera el resultado de una condena que las vuelve disponibles para que nuestra mente las utilice, o siquiera las movilice. Así es como surge en ellas la exterioridad respecto al sujeto, que exige para

VII. La respuesta de la filosofía

sí, sólo para sí, la condición de interioridad. La historia del sujeto, de esa noción de sujeto que anda errante en busca de autor, constituiría la historia verdadera de la cultura occidental: su yerro inicial, su humilde y fecundo origen tan rápidamente olvidado.

Nombrar las cosas como lo hacemos inveteradamente, aceradamente (aún con el idealismo voluntarista cartesiano), es despertarlas: despertar su resistencia. De este modo, el intento de Ortega de rescatar la realidad –los objetos reales–, caracterizándola por su resistencia al sujeto, aparece como punto final de un proceso.

La relación sujeto-objeto, inaugurada en Grecia por la actitud filosófica de Tales de Mileto al preguntar por el ser de las cosas, las desaloja de la vida y, más que de la vida, del ser del sujeto. Con esto, desde luego, no reprochamos a Tales de Mileto, ni a ningún otro filósofo griego, que entienda al sujeto como una interioridad privilegiada, o siquiera como sujeto. Tan sólo le reprochamos (y más aún nos lo reprochamos a nosotros mismos, a nuestra interpretación occidental) que haya formulado una pregunta que sólo responderá quien la formula, sin escuchar. Sin escuchar y sin oír, mas no sin mirar. Paso a paso irá apareciendo el ser de las cosas que son como figura, como *morfé,* como *eidos,* mas sin voz. El silencio cae o ha caído ya sobre las cosas y sobre su ser, o sobre el ser. La *develación* será en función del ver. Será un ver, mas no un oír. Y sin embargo el diálogo... El diálogo, el paso del logos –razón, palabra–, a través de varios hombres, en principio de todos los hombres que aman la verdad, denota que el sujeto entonces no estaba constituido, propuesto. Que lo que después se llamó sujeto era el lugar privilegiado donde el logos se manifestaba y se concebía. Sócrates, nos dicen, descubrió el concepto, es decir, el logos en el hombre, en cada hombre; primer paso del proceso de interiorización, de descubrimiento con carácter de revelación. Pues, ¿cómo negar que el concepto –resultado, y no el único, de la concepción intelectual– existe y es palabra? Concepto es palabra que la mente concibe servida por los sentidos. Un paso más y aparecerá la *idea* platónica, concebida por la mente aun sin la ayuda de los sentidos, de cara al logos del universo, al logos universal, a la inteligencia, a la inteligencia con sus inteligibles. Pero ¿cómo?

Sin duda, como respuesta de la humana inteligencia, o de la inteligencia en el lugar humano, o de la inteligencia en trance de humanizarse. El primer nombrar, el que la tradición judeocristiana consideró primero, el nombrar de Adán, se ha invertido. En la filosofía griega, ese nombrar se invierte también respecto a la pregunta, a la célebre pregunta con que, según entienden los modernos, se inicia el pensar filosófico con Tales de Mileto. Y el hecho de que la filosofía se alce hasta la plenitud, hasta la ma-

VII. La respuesta de la filosofía

durez que no pasa, en el Diálogo platónico, favorece la obviedad con que se impone en la mente la creencia de que, en efecto, fue preguntando como el pensamiento puramente humano salió al mundo y con él una nueva luz, una humana o humanizada luz: la claridad.

Mas no es precisamente claridad lo que encontramos en el Diálogo platónico. Y una elemental lealtad a las cosas tal como se presentan en su aparición, en su *fainomenon,* nos impone reconocer que en estos diálogos la luz brilla por momentos, especialmente en algunos pasajes, y que la sombra cae sobre otros y casi cubre diálogos enteros. El *Parménides* es un avanzar, un querer avanzar, que, en verdad, es tanto un retroceder como un avanzar, mientras se miran con ejemplar impavidez todas las caras de la unidad, del uno y de lo uno, de la multiplicidad de lo uno y del uno, de la multiplicidad en la mente del hombre. Girar alrededor de algo es un movimiento sacro, ya se sabe –se supo siempre y se había olvidado–. Y sería cosa de reparar en los giros que en el *Parménides* se hacen en torno a lo uno y al uno, si son nueve o cuántos. En verdad, el número no sería indiferente. Es preciso reconocer que Platón no gira en la claridad –en esa claridad que se tiene por paradigmática y aún exclusiva virtud filosófica–, sino entre unas tinieblas que mucho tienen de sagradas. Unas tinieblas que prometen y a veces amenazan abrirse. Y es difícil creer que quien recorre tal camino no se vea acometido por el temor y un temblor casi paralizantes. Es la luz de un viaje más bien extrahumano, que el hombre emprendía asomándose al lado de allá, a ese lado al cual se supuso, cada vez con mayor ligereza, que sólo se asoman los místicos. Es la luz que se vislumbra y la luz que acecha, la luz que hiere. La luz que acecha en la inmensidad de un horizonte donde perderse parece inevitable, y que hiere con un rayo que despierta más allá de lo sostenible, llamando a la completa vigilia, ésa donde la mente se incendiaría toda.

Y la conclusión que surge es que tal luz y tal movimiento no son lo que al preguntar corresponde. Es más bien la luz de la respuesta, aunque haya tantas preguntas, y a través de ellas se descubra algo que no suele identificarse con una respuesta, porque no es clara precisamente, porque no es, sobre todo, concluyente. Y se entiende que toda respuesta ha de ser concluyente y evidente. Las dos notas, evidencia, y en su defecto, claridad, y ser concluyente, dan a la respuesta –cualquiera que sea– un carácter imperante, la convierten en imperativo. Lo que se espera y exige en los tiempos modernos, y cada vez más obviamente, de una respuesta. Si una respuesta no ofrece estos caracteres que la elevan a la categoría de imperativo no es reconocida como tal y acaba –o empieza– por ser desechada simplemente. El culto de la pregunta lleva consigo como indefecti-

VII. La respuesta de la filosofía

ble, insoslayable, corolario el que la respuesta venga a ser su sombra, que se acerque lo más posible a ser una réplica. Una réplica a la pregunta que la suscita como una sombra, y una réplica también a otras respuestas y a las preguntas de cuyo cuerpo son la sombra.

Y lo que en toda pregunta hay de tenaz acaba sujetando al pensamiento. Bien es verdad que ha habido, y hay, esa idea de la filosofía –no la única, por fortuna–. Más que una idea, es una cierta imposición que se ejerce sobre la filosofía, una encomienda que se deposita sobre ella: la de sujetar al pensamiento. Pueden distinguirse en ello dos etapas. La primera es la de reducir el pensamiento o, por lo menos, verlo paradigmáticamente en su forma discursiva, razonante. Entonces la filosofía, en la cual el discurrir razonante agudiza su forma, tiende una especie de rieles, de paralelas –de coordenadas, ¿por qué no?–, por donde el pensamiento se vierte sujetándose, reduciéndose si es preciso. Etapa cartesiana, nacida de una respuesta evidente, concluyente, imperante, pues, en grado sumo.

La segunda etapa había de ser por fuerza la correspondiente a todo positivismo y a todo pragmatismo en lo que ambos tienen en común: ceñirse a los hechos, entendiendo en modo evidente y concluyente que la realidad es los hechos y las cosas; las cosas como hechos condensados, fijados, ya sin posibilidad de desbordamiento, la cosa que no se derrama ya de sí, suceso que se reitera sin variar. Inercia y obstinación en la pretensión de ser, y que sólo ha logrado del ser la permanencia, una cierta forma y la virtud de subyugar el ánimo del que lo mira, ocupando espacio y tiempo sin remedio, irremediablemente.

En cuanto a los hechos, aparecen como el resultado concluyente del suceso que fueron un día, tan sólo durante un instante. Y así, el espacio exterior invade el de la mente humana. Y el horizonte en que engarza a los dos se condensa y hasta se materializa.

Pues que a las cosas y a los hechos responden, cada vez más cosificados, los conceptos. Feliz hallazgo, liberador en un principio, al que el hombre occidental se ha ido entregando tal como suele entregarse a todo, obligándolo a servir y a dejarse usar.

Cuando ello sucede, la pregunta nacida de la actitud filosófica –la actitud, único terreno perennemente válido– no puede, sea cual sea su contenido, despejar el horizonte y disolver cosas y hechos. Parece que el universo esté fatalmente conformado, configurado por los hábitos mentales que un día fueron descubrimientos. Si algo es el descubrimiento es expresión de libertad y encuentro de una realidad prometida, que, al fin, accede a hacerse presente, a dar la cara, tal como los dioses en un principio. El instante del descubrimiento es impar, irremplazable, como lo es toda *coincidentia oppositorum*.

VII. La respuesta de la filosofía

***

Sin duda, la pregunta abre una pausa, una suspensión en el tiempo que comporta un ensanche del espacio: crea un cierto vacío. Un vacío en grado eminente, cuando se trata de la pregunta nacida de la actitud filosófica. Pues el vacío en el tiempo es ese átomo que permite que el tiempo corra propiamente y no sea un correr continuo análogo a la inmovilidad. Los instantes de vacío en la conciencia son los que permiten que la conciencia resurja agudizada y los que más hondamente, más en lo profundo del ser, apagan el tumulto, sedimentan. Más aún, el vacío es una extinción, una muerte. Una muerte indispensable para el trascurrir de la vida, para el logro de su trascender: la muerte preparatoria. Si el hombre encontrara el medio de inmortalizarse en esta tierra, en esta vida, se agarraría desesperadamente a este instante de vacío que le pasa desapercibido y caería en él. Aun donde no se ha dado la actitud filosófica –que tan pocas veces se ha dado–, la pregunta alza este vacío llenándolo al mismo tiempo. Quiere decirse que lo aprovecha, lo potencia, lo actualiza, y al actualizarlo, lo ensancha indefinidamente. Quizá Josué hizo una pregunta al sol para detenerlo; y si no a él, a quienes lo veían, puesto que la luz se fija y se detiene cuando alguien pregunta o se pregunta. Y de ahí la expresión «lanzar una pregunta»: lanzarla, no como un cuerpo, sino como un vacío más denso, cargado de atemporalidad y de muerte.

***

La actitud filosófica es lo más parecido a un abandono, a la partida del hijo pródigo de la casa del Padre; desde la tradición recibida, los dioses encontrados, la familiaridad y aun del simple trato con las cosas, tal como ha ido fabricándolo la costumbre. Es lo más parecido a arrancarse de todo lo recibido, según aparece en algunas resplandecientes vocaciones religiosas, que tanto tendrían de demoníaco a los ojos del mundo, si fuera capaz de advertirlas cuando se producen, en lugar de conocerlas después, ya como historia. Pues que la historia cubre los escándalos de la vida.

Y si fuera cierto que la pregunta es lo propio de la filosofía, hasta el punto de constituirla –de darle para siempre y desde siempre una constitución–, este que sale de la casa del Padre y que será llamado filósofo, así como otros han sido llamados santos, podría verificarlo, no sólo aprovechando el vacío, un hueco de la mansión del Padre o una puerta que se dejó abierta, o que se abrió por el ímpetu de la salida. Y si la pregunta es tan radical como parece, el abandono habría de ser total; el que sale así de la casa del padre, del padre siempre, aunque sea ya la propia, habría de dejarlo todo dentro de ella; tendría que haber salido sin nada propio, sin nada más que la pregunta. En la noche oscura. Mas, ¿quién lo llama para que salga así? El ser, el ser de las cosas que son, la verdad, la razón, se contesta después, muy fácilmente. «El saber que se busca.» Mas, en verdad, ¿puede ser así, tan de verdad, tan de razón? Esa pregunta desgarradora ¿fue alguna vez así?

Pues cuesta escasa fatiga aceptar una situación tal cuando se encuentra uno ya en ella, y sobre todo si la situación ha llegado a ser tierra de todos, lugar común; cuando es un estar y no un suceso verídico. «La del alba sería cuando Don Quijote salió al camino»: es lo que produce más pasmo de toda la historia de Don Quijote. Salió a un camino que él solo sabía, mas sin siquiera tener conciencia de ello, sin saber. Lo guiaba Dulcinea, la inexistente, que había que hacer existir a fuerza de gloria ganada por el empeño de un querer que se derramaba. Por lo cual, Alonso Quijano dejaba de ser el conocido, el ya visto, el inalterable, y dejaba de parecerse a una cosa tanto como sus hazañas dejarían de parecerse a los hechos cotidianos.

***

¿Puede darse una *noche oscura* sin una previa iluminación, de esas que convierten la claridad habitual en oscuridad? Tampoco puede producirse un desasimiento sin algo que se tiende a la mano vacía, ni un vaciarse de la mente sin alguna palabra que apunta, ni un silencio total; un silencio que se hace por atender a un rumor, siquiera a un susurro. Un silencio que no se ha creado así es mudez, caída en la sombra.

Y el desarraigo del pensamiento filosófico, que tan evidente parece, no puede ni tiene por qué ser una excepción a esta ley del alma y de la mente toda –inclusive del llamado corazón–. Un silencio ha debido siempre preceder y aun *originar* la actitud filosófica y establecerla hasta convertirla en una actitud determinante. Pues que lo que caracteriza al filósofo no es ya que se haya dado en él la actitud, sino su mantenimiento, análogamente a lo que sucede con cualquier otra actitud (poética, política). «Todos los hombres tienen por naturaleza deseo de saber» –apetencia diríamos–, se lee en Aristóteles. Mas no todos sustentan y formalizan esa apetencia.

En el desarraigo del lugar común que una actitud filosófica lleva consigo ha de haber un remitirse a algo en el sujeto correspondiente. Un desprenderse no se da sin un remitirse. Mas, cuando se trata de algo que se busca, del saber que se busca, remitirse a él, a lo que se busca, es ya una forma muy específica del trascender propio del ser humano, y en el punto de partida hay, sin duda, una incompatibilidad.

Una incompatibilidad, forma suave de expresar la imposibilidad de seguir viviendo, si se sigue así, en la comunidad encontrada. Mas, ¿se podría resolver yendo en busca de otra comunidad o sociedad, como en efecto han hecho tantos aventureros, conquistadores y guerreros? Esto sería simplemente espíritu de aventura. Aunque no sea tan simple, puesto que se entra en el espíritu de aventura cuando la aventura vale la pena, cuando se espera lograr lo maravilloso.

Mas la respuesta al supuesto de que el pensar filosóficamente arranque de una pregunta, y de su inevitable e inevitada consecuencia, de que este preguntar lo constituya y siga siendo, en resumidas cuentas, todo su saber, la ofrece el mismo Platón, sin que Aristóteles ni Plotino, sin que tampoco los estoicos, hayan presentado réplica ni planteado duda alguna. Sólo Sócrates, en la filosofía griega, parece obstinarse en la pregunta, y con él los «reaccionarios cínicos». La reacción se da siempre así, atrincherada en preguntas.

La filosofía mediadora, como el amor, nacida de la ignorancia y del saber, originada del entusiasmo, es un delirio, una inspiración, una posesión irreprimible, nos dice Platón. Una pasión, por lo tanto; una pasión que conduce a la muerte, a una vida, a un conocimiento. Una obediencia. Y el «apetito» que enuncia Aristóteles para nada rompe esta obediencia, pues desemboca en el mayor logro de lo apetecido: en un orden, conjugación de movimiento e inmovilidad, circulación sin trabas de la luz.

Es, pues, mucho más que el remitirse de que hablábamos lo que Platón nos ofrece; es una posesión inspirada que puede hasta hacer olvidar que se abandone la casa del Padre. Pues que esa inspiración y ese saber que se rebasa a sí mismo, esa ignorancia que acoge y que está dispuesta a recibir ese saber, están más allá de toda justificación. Y es claro que sólo lo que está más allá de toda justificación justifica. Según esto, aparece como pena perdida toda la moderna justificación del filosofar y aun del pensar. ¿Se perdieron de vista, acaso, la inspiración y el saber que se derrama sobre la ignorancia y la ignorancia que acoge al saber? Y quedó solamente algo que quizá no se justifique, ni lo pretenda. Pues que el caso es ése: el justificar se hace siempre desde algo que no se justifica, ni se presenta siquiera para ello. La pregunta, justificativa y justificadora, justificación ella misma, cela algo que la mueve, la presenta, y aún más: que la origina. Algo que se oculta, aunque se declare; un punto fijo. Un solo punto al comienzo, que va ensanchándose, creciendo, representándose hasta convertirse en un verdadero personaje. En este caso el Yo. El Yo que se declara en toda duda metódica. El Yo que actúa en toda duda obstinada, aunque carezca de método, aunque, por el contrario, con su obstinación, obstruya la vía, tape el horizonte.

***

Tiene la duda figura de balanza. Mas, ¿dónde, cuál es el punto que la mantiene en equilibrio? Si es sensible, acusa por el movimiento de los platillos –va-

VII. La respuesta de la filosofía

sos, receptáculos– la más ligera variación; discierne. Instrumento que mide proporciones, razones, es analítica; mas que sea eso, sólo depende del punto que la mantiene en equilibrio; del punto inmóvil. Todo depende de él: cuál sea el lugar donde la inmovilidad se sitúe, y, si un ser viviente es quien la mantiene quizá en vilo, quién sea ese que lo decide todo acerca de su funcionamiento y, precedentemente, de su función, de su legitimidad. Si el lugar que mantiene la inmovilidad es neutro, o pretende serlo –la conciencia, ejemplo perfecto de pretendida neutralidad de la duda cartesiana que marcará la suerte de la modernidad, del hombre moderno–, la balanza será un instrumento de análisis, de discernimiento, y la extensión, la cantidad, la homogeneidad, la analogía, caen bajo su dominio y, por tanto, los razonamientos por analogía, por comparación, serán su inmediato resultado. Y la explicación el instantáneo fruto, el codiciado fruto que guarda cada vez más escondidamente la incógnita que se resiste a ser explicitada, a lo menos así, por este uso de la balanza. Y bien pronto la balanza servirá para pesar y medir «lo otro», lo exterior al sujeto y lo exterior a ello mismo. La relación será, así, de pura exterioridad, de contraposición de semejanzas. Y las analogías recaerán sobre el *más* y el *menos* y aun sobre el *aproximadamente*. Y el número que la balanza arroja se irá vaciando. Mas no, se había vaciado ya desde el comienzo de toda cualidad, de todo contenido simbólico; de todo significado para la mente, si es que la mente es algo así como un espacio donde «lo humano» puede entrar sin escindirse.

Mas no quiere ello decir que la balanza pueda ni deba ser recusada como instrumento, y menos aún como símbolo. Por el contrario, sólo si no se pierde el sentido del símbolo primordial que es la Balanza, su uso se irá dando a conocer por sí mismo, se irá revelando ella misma en sus profundas analogías. Analogías, podemos decir, en tanto que se han ido dando paso a paso para la mente atenta –si esta expresión «mente atenta» no es un ejemplo de explicitación innecesaria–. Pues que un símbolo ha de ser captado en la pluralidad de sus significaciones, en un solo acto de pensamiento. Cosa que no es posible que suceda si el sentir no acompaña al entender; si el sentir no precede como guía al entendimiento y no sigue luego guiado por él. El sentir y el entender no debieron de estar separados en un principio, en ese principio del conocimiento que es un tanto indiferente situar o no en un determinado tiempo, en un *illo tempore* más o menos preciso, pues que todo principio es a la par una meta: allí donde se da en toda su pureza activa es el lugar del «conocimiento que se busca».

En el principio del conocimiento, el entender y el sentir no podrían vivir separados; y el contraponerlos, aprovechando la separación habida después, mide la distancia que de ese conocimiento que se

VII. La respuesta de la filosofía

busca –y que está desde un principio– separa a quien en ello incurre. Unirlos, reunirlos, requiere ya un cierto saber y arte basados en la confianza en la no-irracionalidad del sentir y ayudados por la docilidad del entendimiento: esa docilidad que rescata al par del orgullo y de la servidumbre, tan emparentados por su común ceguera.

El sentir y el entender no pueden reunirse sino, como todo lo viviente o en vía de serlo, por una especie de simbiosis. Simbiosis, danza en un comienzo y durante un tiempo, en el cual los que van a reunirse ocupan el uno el lugar del otro. Cambios de lugar, entrecruzamiento según ritmo. El sentir despierta, aviva, y es fuego reanimado por el entender; el sentir que guía, velando solo en largas noches oscuras, luego, es sostenido, custodiado. La Balanza, como símbolo, se forma así. Se forma, puesto que tratándose de este símbolo, por sí mismo y como símbolo del pensar –pensar como medida, pensar como sentimiento–, ha de hacerse en el «sujeto» pensante que no puede acotarla sin más, aunque [sólo] sea en una de sus más modestas y fecundas formas: la de unas coordenadas. La mano debería colaborar, sin duda, dibujando, en esta simbiosis del sentir y del entender; la mano y el cuerpo, aquietándose al par que se mueve o sin dejar de moverse; la respiración, el oído. El cuerpo no puede quedarse aparte de la concentración que es pensar sin que acarree inenarrables consecuencias, por ejemplo: dejar la imaginación a su albedrío para que fantasee; ya que la imaginación es la facultad más corpórea o corporal de la mente humana. La imaginación, andando por su cuenta, es el triste lujo nacido del abandono, como tantos otros.

No se puede usar la balanza sino en la misma medida en que se hace, en que se forma por aquel que se conforma a ella y por ella. Y el hecho de que su imagen se presente no es más que una proposición; esa proposición que llevan consigo todos los símbolos, no sin carga de ironía, por cierto: piden en tanto que dan, y preguntan con su respuesta. Pregunta y respuesta se encuentran en ellos unidas. El entendimiento las discierne, discerniéndose él mismo a la vez, las separa, separándose, desentrañándolas mientras se desentraña. Proceso inevitable, por lo que sabemos, parte del proceso mismo de la filosofía que luego ha de reunirlas; sentido último de su *quête,* de su andar en busca.

Pensar, propiamente, es arrancar algo de las entrañas a la realidad en cualquiera de sus aspectos y modalidades. Pues que si la realidad, plural, y una en último término, según el *a priori* del *ser* humano, fuera enteramente visible, quiere decirse homogéneamente visible, sería tan sólo cuestión de tiempo y de atención el irla viendo según se fuera presentando, sin necesidad alguna de adentrarse en ella, pues que no tendría un dentro propiamente. El dentro no es lo mismo que [el] interior, pero uno y otro tienen de común ser algo que no aparece a la vista, algo que

VII. La respuesta de la filosofía

está tras de lo que a primera vista se manifiesta. La interioridad da idea de un espacio encerrado, el dentro de algo escondido, apresado y hasta prisionero en este espacio. Y aun de algo sin espacio propio, prisionero, recluso, apresado, enredado, cautivo. Algo vivo, pues. Una entraña es algo que no puede en principio vivir manifestándose en la visibilidad; [lo que es] impensable, ya que el campo de lo pensable se ha hecho coincidir sin más con el campo de la visibilidad, de la manifestación, según la metáfora inicial del pensamiento griego, de la luz intelectual o de la luz inteligible, extremada y decaída, como hemos de ver más detenidamente, por la tradición filosófica occidental –incluida la de la filosofía islámica–. Mas lo que el pensar tiene de violencia y de amor –que pueden, claro está, contraponerse hasta imposibilitar la acción del pensar, la acción que es pensar– no nacería ni hubiera, por lo tanto, exaltado en unas ocasiones, y atropellado en otras, la delicada operación del pensar que se adentra en la realidad. Si la realidad no tuviese entrañas, y si algo de esas entrañas no clamara por la visibilidad, o no tuviera que hacer algo con la luz y hacia ella o por ella, pensar habría sido siempre departir, discurrir, y la razón discursiva sería la razón sin más.

Y todo ha sido como si la realidad tuviese entrañas, y entrañas que tienen que dar de alguna manera tributo a la luz; lo que significa que la luz, en su forma más apetecida por el pensamiento, la claridad, ha de nutrirse de algo que al par la reclama y se la opone.

La condenación de las entrañas ha sido el escollo del racionalismo que se enseñoreó de la filosofía griega, y más todavía de la recepción de ella. El realismo posterior, del mundo cristiano, reiteró y reitera el presupuesto que Hegel hace explícito de que todo lo racional es real y a la inversa. La historia misma queda desentrañada, visible entera toda ella, discurriendo por el campo de lo visible.

La sierpe se desenvuelve, se enrolla y desenrolla sin nudos. Entre sus nudos no se apresa nada y el *logos* discurre sin más oposición que la que él, para mejor mostrarse, se hace a sí mismo. Y todo ciego acontecer se resuelve, queda en un momento de tránsito, y la historia toda entera, transitable para la razón discursiva. Las entrañas, si las hay, se deslíen, se desenrollan al pasar a la claridad uniforme de la razón.

Mas no es posible arrancar algo de las entrañas de la realidad más que a alguien, a un ser humano sin duda, que no ha renunciado a ellas, que no las ha destituido en su luz propia, que no cree justificado –y el justificarlo sería ya mucho– el desatender a su parpadear, a su centellear, a sus signos. Sólo si no se desatiende a los signos emanados de las propias entrañas puede un entendimiento ir con ellas hacia la realidad. Y claro está que quien esto realice irá hacia la realidad de diverso modo y manera, siguiendo

VII. La respuesta de la filosofía

una vía diferente de la vía racional en sentido obvio –de la obvia vía racional–. Y esto no basta; basta sólo para imprimir unas ciertas, inesperadas, variaciones en la trayectoria que sigue un pensamiento, que pueden llegar hasta abrir una brecha en un método, y que por ella haga acto de presentación una verdad o una esquirla de verdad, o una fulgurante centella, que hacen olvidar el discurso del método en cuestión, ese discurso que suele ser todo método; variaciones que, depositadas en la mente de alguien que no discurra tan dócilmente, que no siga el discurso con entera docilidad, le dejan en suspenso ya, invalidadas sus claridades.

Y así, en medio de un claro discurso, entre los entresijos de un sistema, aparecen verdades entrañables, poéticas verdades.

«Y a veces es preciso que estalle el corazón del mundo para que aparezca un destino más alto», dice Hegel. Claro que el que haya de estallar el corazón del mundo para que aparezca el destino más alto, para que el destino se dé a la luz, el que haya de estallar, bien puede ser consecuencia de no haber atendido –y no sólo el filósofo, por cierto– a ese corazón, cifra de las entrañas, lugar privilegiado donde las entrañas envían su sentir, su gemir, su aviso, donde se enciende la luz que entre todas alumbra, la llama que entre todas enciende, que si se la atiende llega a ser, fiel a su ser, el corazón inmóvil de la claridad de la razón, el centro oscuro de donde la claridad brota y que la mantiene viva.

No basta –aunque por fortuna se producen estas interpolaciones, estas apariciones– con que la brecha se abra y el salto se dé, en virtud, ciertamente, de esa última honestidad, que es docilidad por fuerza, que el filósofo no puede dejar de mantener, *conditio sine qua non* de su actitud, su bienaventuranza diríamos, pues que le sumerge en esa especie de felicidad, inconmovible en cuanto se da, fundamento verdadero de todo su discurso por discursivo y discurrente. Esa felicidad que es la respuesta que su entrega sin reservas –ha de ser así, sin reservas, ante la verdad que se busca– recibe; el sí del dios benévolo que le deja seguir su camino, que se hace esquivo y huidizo, que no responde a sus preguntas más que así: dándole una felicidad, prueba extrema, quizá, a la que la divinidad somete a un hombre, darle la felicidad a solas para ver qué hace sin él y con ella. Peligro de un estado paradisíaco fuera del paraíso, por lo tanto inverso en cierto modo, pues que en el paraíso la presencia y la palabra, la respuesta, adelantaba a la pregunta –¿qué fruto es ése, qué árbol, por qué...?–, y la felicidad estaba así dispuesta a turbarse, a salir *más allá*. Mientras que al honesto filósofo se le da la felicidad sin presencia ni signo, la felicidad sólo al solo. Y si entiende que es ésa la respuesta, el comienzo inacabable de ella, no irá más allá. No irá más allá, con tal de que no

VII. La respuesta de la filosofía

estalle su mente, ya que el corazón no estalla por la felicidad que sabe, lámpara escondida, destilar gota a gota incesante, hecho como está para la continuidad del encenderse y apagarse, del extinguirse y renacer, de ir, péndulo sabio, de la vida a la muerte tejiendo sus confines. Mas la conciencia que va discontinua, la conciencia que se alza imperante, y la razón no hecha a perderse y a recobrarse, a extinguirse y renacer, y hecha, sí, a la discriminación de la marcha, al límite, puede extraviarse en la inmensidad sin límites del campo de la felicidad y no saber volver; puede desarticularse en el acto mismo de encontrar su error y su verdad y no encontrar luego el modo de enquiciarse. Pues que la razón tendría que convertirse por la felicidad en riesgo del salvado de la *Caverna,* riesgo del solo, arriba en un espacio apacible, mientras abajo gimen los hombres, sus semejantes, que siguen en la caverna. Y entonces, estos hombres en la caverna son sus entrañas, sus propias entrañas, y ha de bajar a arrancarlos de allí, a rescatarlos.

Es el suceso que acecha al feliz, en cualquier forma en que la felicidad le haya llegado, la necesidad de descender a los ínferos a derramar el agua de la felicidad sobre la sequedad, y aun a darse en pasto a la autofagia que en los ínferos inacabablemente campea, pues que hay algo en el allí confinado que resiste, que subsiste, algo indestructible. Mas el modo en el que el filósofo que ha recibido a solas la respuesta de la felicidad se siente atraído por la entraña de la caverna es específico: él baja declarando, enunciando, baja con la palabra, con la razón, con el logos. Puede en la bajada desprenderse de él por darlo, por no saberlo dar, por no estar, quizá, mandado hasta ese punto. El poeta que procede igualmente no se diferencia, claro está, del filósofo, que, al fin, en esa acción son el mismo. Sólo que el poeta sabe más del silencio que el filósofo, su palabra ha querido romper el silencio apenas o no romperlo. El amigo del silencio, sea poeta o filósofo, que también los hubo –Heráclito por caso–, desciende por los corredores mientras duermen los oscuros de la caverna. Y se introduce sigilosamente en el sueño de los hombres, en las entrañas dormidas, depositando en ellas un germen de palabra, y no una palabra total o que pretende serlo. El filósofo-poeta entra en las entrañas del sueño salvándolo, por el pronto, de que sea mortal, inspirando con un soplo de luz visiones verdaderas, abriendo un átomo de tiempo en la atemporalidad del sueño y haciendo surgir una imagen de realidad –imagen, mas de realidad– que queda en la conciencia del durmiente cuando despierta.

Feliz del todo sería, bienaventurado, el que supiera conducir en la caverna, en sus entrañas, el suelo de la humana historia sin enunciar siquiera el decálogo de la felicidad, sin insinuar siquiera el logos de la felicidad. Lo cual sería ya más que la felicidad

VII. La respuesta de la filosofía

como respuesta, sería la bendición. Lejos se está de ella, es la réplica que inmediatamente una tal idea suscita. Y la respuesta a la réplica, que quizá sea eso lo que se anda con mayor ahínco desde Hegel buscando, quizá sea eso «lo que se busca»: acción y saber, razón de nuevo, nuevamente quiciada, lo que desde la filosofía y desde la poesía se busca, la respuesta de la filosofía con la acción de la poesía. Y al acecho está, desde el lado de la filosofía, el enquistarse de la pregunta, en vez del enquiciarse de la respuesta; del lado de la palabra poética, la impasibilidad inoperante, pago de su seguridad en el reino de la razón, asomada a su borde, mirando los ínferos entrañables sin descender a ellos. Abandonado de este modo por las dos el logos embrionario.

VIII. Las raíces de la esperanza

1

Las raíces de la esperanza, más bien la tierra donde esas raíces se anidan y sustentan, es lo que querríamos considerar.

Aparece la esperanza en diversos modos; en algunos de ellos resulta a veces irrecognoscible. Confina, como se sabe, con la fe, es su aliada; mas la fe a veces se presenta como un querer puro, y, en su caída, como impura imposición. La caridad, la gracia, la ofrenda, parecen estarle condicionadas en ocasiones, mientras se derrama por sí misma; hay una generosidad desesperada. Y hay la esperanza, el esperar más bien, de algo concreto: un acontecimiento, la acción de una persona, y aun la existencia de una persona de la que la esperanza pende, pues que se ha concentrado allí como su objeto definitivo o transitorio. Y hay que aguardar a que se acerque al esperar y que se refiera a algo más cercano, inmediato, y que no tiene por qué ser tan definitivo, tan decisivo.

La esperanza se presenta en ocasiones desasida, como flotando sobre todo acontecimiento, sobre todo ser concreto, visible, ella sola, la esperanza sin más. Escapa entonces de todo razonamiento, de todo discurrir más o menos dialéctico: no se alimenta, al parecer, de nada, y puede sostener la vida de quien así la siente, y sustraerse –ella que tanto tiene que ver con el tiempo– al trascurrir temporal, y sumir el tiempo mismo –para esa persona que la siente– en una especie de supratemporalidad de instante único: un punto sólo que posee la capacidad de albergar, en su inextensión, la extensión del tiempo todo en su fluir indefinido. Todas las contradicciones quedan entonces abolidas y la historia no cuenta. Se produce raras veces, individualmente en personas que todo lo han perdido y que nada en concreto esperan; tal parece que la esperanza se haya convertido en sustancia de la vida y que la vida adquiera, en virtud de ello, los caracteres de la sustancia: identidad, permanencia a través del tiempo, consistencia, individualidad en grado extremo.

En la vida histórica, tal modo de esperanza pura, desasida, librada a sí misma o entregada a la inmensidad, se produce a veces por larguísimo tiempo en pueblos o razas oprimidas, y más que oprimidas, desamparadas. Los civilizados de este Occidente,

VIII. Las raíces de la esperanza

¿nos hemos preocupado mucho, en general, de estos pueblos que, en otras latitudes, han vivido durante siglos en este desamparo? Y más aún: cuando de ellos nos hemos acordado, ¿ha sido para otra cosa que para someterlos hasta la esclavitud, si necesario se juzgaba? Pueblos, razas enteras, en estado de tribulación, de hambre, de humillación, pueblan el planeta amenazados de aniquilación por la miseria –según las estadísticas de los organismos correspondientes–, continúan ahí, sobre el mismo planeta que nosotros. Y si han resistido, y si resisten, ha de ser, forzosamente, por la fuerza sobrehumana –la palabra llega por sí misma– de esta esperanza que los mantiene suspendidos sobre el tiempo, sobre la vida, generación tras generación; mientras en el Occidente civilizado el creciente bienestar –siempre un tanto limitado– coexiste con la angustia, con la desocupación de alma y mente, con el deporte intelectual de la desesperación estetizante y literaria, con el uso de la inteligencia que pretende regir la realidad sin tener contacto con ella; con la fragilidad ante el sufrimiento, con el estupor que se despierta ante la constatación de que la felicidad no es fruto que se recoja por sí mismo, de que hay que hacerla, sostenerla, crearla, y, aún más difícilmente, saberla recibir y recoger cuando llega.

Cuando el hombre civilizado, o simplemente perteneciente a las culturas de mayor prosperidad, se enfrenta con estos pueblos, con estas razas, lo primero que se produce es un choque de esperanzas. Un choque, en el mejor de los casos, pues que apuntado queda el abuso de la esperanza que con ellos se ha practicado tantas veces.

La esperanza, fuera de este caso único, se presenta con un argumento. Válida es la sentencia de San Pablo: «La fe es el argumento de las cosas que se esperan». Presentando así a la esperanza como un continente, como una envoltura o forma *a priori* en términos filosóficos. Irresistiblemente nos preguntamos: ¿la forma depende del argumento, el continente del contenido? Y no somos, ciertamente, los primeros en preguntárnoslo, pues que tal cuestión ha dado lugar a profundas diferencias dentro del área religiosa a la que en primer término se aplica la sentencia. La cuestión de si la fe, el argumento, es inmediata y eficazmente recibida, determinando con ello el nacimiento de la viva esperanza, o bien si la esperanza, como vida despierta, intimidad humana en estado de vigilia, la llama, recibe y alberga como a su informulada promesa. Si la esperanza, al encontrar su argumento, se encuentra a sí misma, y sólo entonces se revela como un hambre oculta, que, al encontrar el alimento, se da a conocer; si la esperanza revelada en el ayuno, en la angustia, en el desierto, es una llamada que al fin obtiene respuesta. Fuera del ámbito estrictamente religioso, haciendo el esfuerzo para considerar la vida humana no tocada por esperanza alguna total, la cuestión se plantea igualmente. Y se plantea de raíz, pues que la realidad, la simple realidad con la que contamos ineludiblemente a diario, se nos presenta en términos de esperanza: como una realización de su demanda o como una negación de ella. La realidad que el hombre encuentra en su conjunto no es neutra.

El problema de la realidad, en términos filosóficos, no tiene en cuenta sino la realidad despojada de su significación vital, de su carácter de respuesta a la humana demanda; olvida que el hombre no se dirige a la realidad para conocerla mejor o peor, sino después y a partir de sentirla como una promesa, como una patria de la que, en principio, todo se espera, donde se cree posible encontrarlo todo; como un lugar desconocido también donde toda amenaza puede ser desatada.

La esperanza, antes de manifestarse como tal en las diversas formas en que hemos señalado, es el fondo último de la vida, la vida misma –diríamos–, que, en el ser humano, se dirige inexorablemente hacia una finalidad, hacia un más allá; la vida, que, encerrada en la forma de un individuo, la desborda, la trasciende. La esperanza es la trascendencia misma de la vida que incesantemente mana y mantiene al ser individual abierto. Según Leibniz, el individuo es mónada sin ventanas, sin aperturas; situación que, desde el punto de vista del conocimiento, queda resuelta porque la mónada refleja el universo en su totalidad. Mas la verdad es que el ser entero del individuo humano, por una parte, es más que la mónada, pues que anhela infinitamente, siente indefiniblemente, ama, espera. Y de otra parte, es menos; ya que, sin más, no encuentra en sí mismo, ni como reflejo, el Universo. Pues cierto es que la filosofía, absorbiendo su atención y su cuidado en el conocimiento, ha descuidado esa intimidad del ser oscura y palpitante, uno de cuyos símbolos es el corazón, donde alienta infatigablemente, sin detenerse, la esperanza.

Y así, todo lo que el hombre busca conocer, y todo sentir ante la realidad, toda acción que proyecta, todo padecer que sobre él cae, toda verdad que le sale al encuentro, es acogido primariamente por la esperanza, sin que ella siquiera se dé a ver. Y en el fondo de esta esperanza genérica, absoluta, podemos discernir algo que la sostiene: la confianza. La esperanza sostiene todo acto de la vida; la confianza sostiene a la esperanza. La esperanza se deja ver como todo lo que alienta constantemente en sus desfallecimientos, en sus atonías. El conocimiento que el ser humano tiene de sí mismo proviene de lo negativo: de aquello que siente que le falta o de la falla que lo sostiene. Y así, la esperanza salta visible en la desesperanza; en la desesperanza y en la exasperación que advienen por un suceso habido en la intimidad del ser entregado a sí mismo, o encerrado dentro de una situación sin salida.

VIII. Las raíces de la esperanza

La situación sin salida ofrece una variedad indefinida de modalidades, de grados; mas, por absoluta que sea, como humana que es, puede ser relativa. Y esto, que toda situación sin salida puede ser relativizada, es lo que se descubre a la luz de la esperanza. Y la esperanza tiene que ir acrecentándose, ahondándose, vivificándose, para lograr que el entendimiento se afine y descubra la salida donde no se presenta. Y en el extremo, cuando la vida misma va en ella y salida no hay, la esperanza puede saltar el absoluto obstáculo.

Es en lo negativo donde la esperanza encuentra su campo, su lugar. Cuando, simbólica o realmente, la vida falta, la tierra es el lugar que nos sostiene. El símbolo de la tierra abarca todo aquello que continuamente nos sostiene, sin que nos demos mucha cuenta fuera de nosotros, y dentro de ese «contar con», que, según Ortega y Gasset, es el referimiento continuo a lo que está ahí sin más, lo que forma el estrato de los supuestos, esos supuestos que están depositados en las creencias sobre las cuales se alzan las ideas.

El otro lugar real, simbólico en ocasiones, donde la esperanza se muestra, es la caverna cerrada, o la galería subterránea, el laberinto; los lugares de inmovilidad y encierro, o los lugares donde, habiendo salida, en principio se anda perdido.

La oscura y cerrada galería, el laberinto, la caverna, o la estancia enmurada, son símbolos diversos, modulaciones de la situación sin salida; la situación límite en que la vida humana puede encontrarse, ya que la muerte no es más que su cumplimiento, lo que adviene si una apertura salvadora no se manifiesta. Pero lo típico de la situación sin salida es que la muerte parece tan inalcanzable como el seguir viviendo, que la muerte no constituye la salida liberadora. La salida ha de encontrarse en la vida misma, es decir, en el tiempo.

Mas el tiempo se ha cerrado, justamente, en la llamada situación sin salida, de lo que da tan diáfana imagen el símbolo del laberinto. El tiempo se ha vuelto y revuelto sobre sí mismo; sus dimensiones, que normalmente se presentan extendidas –pasado, presente, porvenir–, se encuentran implicadas, entrañadas las unas en las otras. Y esto sucede porque el pasado se sobrepone al presente y al porvenir, cerrando el futuro. Puede suceder así desde dentro de la persona misma sin causa alguna de afuera; puede suceder también en virtud de unas determinadas circunstancias que paralizan el fluir del tiempo en la persona humana. Se trata entonces de abrir el tiempo, de des-entrañarlo.

Este suceso de desentrañar el tiempo, o de que un día aparezca desentrañado, se verifica, sin duda, en virtud de una acción determinada del sujeto que padece esta situación llamada sin salida. No puede tratarse de una acción cualquiera, sino de una cierta acción de una cierta especie, diríamos, la más actuante. Mas, si el sujeto puede llegar a efectuarla, liberándose así del cerco que lo rodea, es llevado por la esperanza, que, como un puente, se alza sobre toda situación sin salida, pertenezca a la clase simbolizada por la caverna, por la del laberinto a través del que se anda errante, o por la celda donde se está inmovilizado. Todas tienen en común que el tiempo ha dejado de servir, que corre sin desembocar en parte alguna. Y todas son, al par, desierto sin fronteras. La esperanza, como un puente, marca el camino al señalar la otra orilla.

2. El puente de la esperanza

La esperanza inasible es un puente entre la pasividad, por extrema que sea, y la acción, entre la indiferencia que linda con el aniquilamiento de la persona humana y la plena actualización de su finalidad. Un puente también que atraviesa la corriente del tiempo, según la metáfora de que el tiempo es un río que fluye incesantemente. Mas, es un puente también sobre el tiempo, pues que al llegar a anularlo, casi trasportándonos desde la orilla del pasado al futuro, opera así, ya en esta vida, una especie de resurrección.

En cuanto al tiempo, la esperanza es lo que lo abre rescatando la memoria de su pasividad, como acabamos de ver, encontrando la salida. Y en esta acción, es agente de conocimiento, al ser la esperanza el modo más adecuado, el arma más eficaz, de tratar con el tiempo. Y el tiempo, antes que objeto de conocimiento, es medio, el verdadero medio donde la persona humana tiene que andar en modo tal que logre no ser por él sumergida. De la metáfora del río que fluye de la temporalidad se desprende una amenaza, pues que el agua no es el medio natural del hombre. Y sin embargo, acabamos de decir que el tiempo es el medio natural inmediato, propio de la persona humana viviente, tanto que el tiempo puede confundirse con la vida misma. Entonces tenemos la extraña y paradójica situación de que el tiempo, medio natural del hombre, según la metáfora perennemente usada, valedera, sea un medio del que se desprende una amenaza constante. ¿Cómo es posible? La idea que tenemos de lo natural, y más aún después de la creencia firme de la moderna biología, que parte del supuesto de que el medio de un ser vivo ha de ser para éste el más favorable, es que cada especie busque y obtenga su medio propio. El medio temporal, pues, ¿no será acaso, si de él proviene amenaza y angustia, el más desfavorable para el ser humano?

Mas, ¿por qué no aceptar que el medio propio de un ser como el hombre sea justamente este que contiene una constante amenaza que lo obliga a despertar a una superior vigilia? Pues que el tiempo, al par que es el medio donde el hombre se encuentra viviendo, siendo, es el obstáculo que se opone a su

VIII. Las raíces de la esperanza

anhelo de vivir siempre, de ser enteramente. Un anhelo que yace en lo más hondo de toda persona, encubierto a menudo, ofreciendo, por ello mismo, una resistencia inexplicable a todo logro, descalificando todo lo que a su voluntad se le cumple pasado el momento.

El fluir del tiempo hace saltar, despertarse, al ansia de eternidad de la vida. Un anhelo que implica la unidad, la unificación del tiempo mismo y de los sucesos que lo llenan, siempre fragmentarios. Y es que el tiempo, considerado como medio propio del hombre, ofrece una doble faz: la posibilidad de que aquello que es originariamente uno se relativice, es decir, el ser de la persona que, siendo una desde el principio, ha de irse integrando y desplegando, que estando oculta ha de ir manifestándose, que siendo tiene que realizarse entre la realidad. En el ser humano ello no es posible sino en el pasar del tiempo, en esa contextura analítica, divisoria, que el tiempo tiene, ya que por sí mismo separa y divide, con lo cual muestra las cosas y hace posibles los sucesos. Y la humana acción. El tiempo no está dispuesto, en principio, como medio propio del hombre sólo para el conocimiento sino para la acción.

La otra faz del tiempo es la que lo muestra como obstáculo para el anhelo de ser, ya que el ser en el hombre está como exigencia, como absoluta exigencia; es un ser que tiene que realizarse. La vida, paralelamente, tiene que unificarse, ser rescatada de su dispersión. Los sucesos que la integran han de formar, por lo pronto, una historia coherente que arroje un sentido. No le basta vivir al ser humano; solamente de verdad vive cuando está viviendo una historia, individual y colectiva, que manifieste tener un sentido. Es en función de la esperanza como el sentido de la personal historia se alcanza ya, a pesar de todas las diferencias que puedan discernirse entre la historia personal y la llamada historia propiamente, la de la colectividad a que se pertenece, la de la humanidad toda en último término, la esperanza depositada en ella; lo que la historia tiene de promesa, que, a pesar de todos los avatares, se va cumpliendo, es lo que le da su carácter de humana historia, lo que permite que sea contada. Una historia sin esperanza es inenarrable.

La esperanza, al proporcionar el sentido de la historia, de toda historia, construye la continuidad en la vida. Ese soplo, tantas veces apenas perceptible, resulta ser constructor. Y tanto es así que toda construcción es símbolo y realidad de una esperanza, que, al concretarse en voluntad, se llama voto. La piedra de fundación que, desde tiempo inmemorial, es depositada ritualmente, con al menos una cierta ceremonia solemne, es la expresión de un voto al que corresponde el edificio en cuestión, de la finalidad a que se dedica, de la voluntad de que permanezca. Nada se edifica sin que la voluntad de que permanezca sobre el tiempo lo acompañe. Y así, el edificar, ya desde el principio, aun en aquella forma más elemental que es poner en pie una sola piedra, forma parte de esta construcción del puente de la humana historia: de un puente que pasa sobre el río del tiempo y que, al par, conduce el agua, diríamos, de un acueducto.

Se ha dicho –Ortega– que vivir es anhelar; anhelar, decimos, es el aliento mínimo, signo de vida tan sólo si no se convierte en esperanza, que es continuidad en la vida y en la historia. Y la continuidad en las cosas humanas se logra por trasmisión. Sólo se vive verdaderamente cuando se trasmite algo. Vivir humanamente es trasmitir, ofrecer, raíz de la trascendencia y su cumplimiento al par.

3. Los arcos del puente

Cuando una metáfora es válida, lo es en sus diferentes aspectos. El puente tiene sus arcos llamados también ojos. Arcos que se sostienen y dejan pasar, abierta arquitectura. Ojos, no porque vean, sino porque dejan ver. Lo que se ve entre los ojos de un puente aparece destacado y recogido, como un trozo de tierra, cielo, piedras de elección. Los arcos son también a modo de pasos; ciertos puentes parece que andan o que se hayan quedado quietos un instante para seguir; el puente es como la inmovilidad de un movimiento o como un tránsito que, por cumplido, no tiene que proseguir.

La esperanza tiene sus pasos, y sus ojos, que dan a ver y que ven ellos mismos. Ojos de elección, pues que descubren y revelan. Y aun aquello que ven los demás ojos, al ser vistos por los ojos de la esperanza, se trasmite en su significación y hasta en su forma y figura. Son pasos también que, cuando la esperanza se manifiesta entera, no se anulan el uno al otro; como los arcos del puente, forman una procesión.

El puente es camino, y además une caminos que sin él no conducirían sino a un abismo o a un lugar intransitable. Un puente es el paradigma, el mejor ejemplo de lo que es un camino; quieto y extendido, tiene algo de alas que se abren. La corriente del río queda dividida por los arcos del puente.

Así, la corriente de los sentires, de los pensamientos, de los deseos, queda dividida por los arcos de la esperanza, para luego juntarse en la corriente ancha domeñada, sobre la cual el hombre puede caminar. Pues que sucede que, por virtud y obra de la esperanza, el hombre puede realizar ese imposible que es caminar sobre su propio tumulto interior, sobre el tiempo que se le pasa, y puede, en cierto modo, elevarse y sostenerse sobre su propia hondura.

Muchos han de ser estos pasos de la esperanza, mas aquí vamos a señalar solamente aquellos que nos parecen esenciales, aquellos sin los cuales la esperanza no estaría completamente desplegada. Y nos parece que sean la aceptación de la realidad que asciende a esperanza de verdad: la llamada que ascien-

VIII. Las raíces de la esperanza

de a invocación del bien; la ofrenda, que puede llegar al sacrificio de lo mejor de uno mismo, en que se cumple la acción de trasmitir, el trascender.

En todos estos pasos se verifica ya una ascensión. Pues que los pasos del puente son arcos, son pasos en dos dimensiones por lo menos. Y el primer paso de la esperanza es aquel en que el trato con la realidad, para todo hombre cosa ineludible, asciende a ser aceptación de realidad como tal, lo que obliga a mirarla a la luz de la verdad. Pues que la realidad se presenta confusamente, mezclada; todo lo que parece real no lo es, o no lo es en igual grado. La sensibilidad no es buen juez de esta diferencia, ya que puede conferir realidad a lo superficial y pasajero, mientras que, en otras ocasiones en que la inteligencia nada discierne, ella, la sensibilidad, avisa de la realidad de algo que se esconde.

Ya que la realidad no se muestra por entero, el hombre está sin saberlo partiendo siempre a su encuentro, a su descubrimiento. Y nada le es más fácil que el error en esta indeclinable empresa; nada más fácil que andar errante entre la realidad, sin reconocer cuál es la realidad verdadera, detrás de qué apariencia se esconde, cuál de entre las voces es la del verídico destino. La esperanza, en este su primer paso, guía a la sensibilidad, la orienta hacia aquellos aspectos de la realidad que se extiende para que encuentre en ella la verdad. Y hasta los mismos sentidos se agudizan en virtud de esta búsqueda de la verdad guiada por la esperanza. Las situaciones en las que tal acción tiene lugar se escalonan en una gama inmensa, pues lo mismo sucede en los casos en que el peligro reside únicamente en la suerte de la vida individual o colectiva, en función del destino, entendido no como ciega fatalidad sino como realización, como cumplimiento de la promesa que anida en el fondo del ser humano y de su historia. La libertad no es otra cosa que la trasformación del destino fatal y ciego en cumplimiento, en realización llena de sentido. Y la esperanza es el motor agente de esta trasformación ascensional.

El segundo paso que se nos presenta en este alto camino de la esperanza nos parece sea la actualización de esa llamada que alienta en el fondo de lo que llamamos corazón –usando esa metáfora, símbolo, en verdad, del corazón, que nos viene de las más antiguas tradiciones de la India, de Egipto, del Antiguo Testamento, y aun de la Tragedia griega, vivificado, ya en nuestra tradición, por San Agustín, de cuyas *Confesiones* es el verdadero protagonista, y que, penetrando en el recinto de la poesía, de la literatura y de las artes figurativas, llega hasta nosotros dotado de perenne vitalidad–. Alienta en el fondo del corazón de cada ser viviente una llamada, que, envuelta en el silencio, necesita de voz y de palabra. Hay seres que atraviesan su vida mudos, pues que, al no ser proferida esta llamada, retiene las palabras más verdaderas, las más decisivas, las que po-

VIII. Las raíces de la esperanza

drían cambiar la suerte de estos seres. Es una suerte de esclavitud ésta de estar preso de la palabra no dicha, del gemido que se acalla, de la súplica que no alcanza a salir, del don que vuelve como piedra sin darse: el silencio de lo que no se pide y de lo que no se ofrece.

Todo es correlativo en la vida: el ver es correlato del ser visto; el hablar del escuchar; el pedir del dar. Y el privado de esperanza no deja de vivir por ello entre estas parejas de vitales funciones. Mas las padece en angustia, en este caso. En la angustia, pues que se trata de una verdadera y gravísima inhibición. El psicoanálisis de Freud, extendido más allá del ámbito de su escuela, se dirige a la liberación del instinto de las fuerzas que lo mantienen inhibido, como es bien sabido. Sería más exacto decir, en vez de instinto, deseo, que en griego aparece con mayor claridad: la *orexis*, el apetito sin término. Mas nos resulta sumamente extraño que no se haya hablado de las inhibiciones causadas por el amortiguamiento de la esperanza o por su extinción. Que no haya surgido ningún Método encaminado abiertamente a liberar a la esperanza aprisionada en el fondo del corazón, para que ella, a su vez, libere al corazón mismo donde yace como en un sepulcro. Que no otra cosa parece que sea el «corazón empedernido» del que el profeta Ezequiel anuncia que será arrancado a cambio de un «corazón nuevo», de un «corazón de carne». La «carne» en este lenguaje quiere decir la vida: se trata, pues, de un corazón viviente que sustituye al corazón de piedra.

Y se entiende fácilmente que un corazón sin esperanza se haga mudo y sordo; gravitando sobre sí mismo, pesa más que ningún otro peso, es duro para fuera y para dentro; no cumple su función comunicante, vivificante. La esperanza, encendida como fuego y como lámpara en el corazón, hace de él el centro donde el entendimiento y la sensibilidad se comunican; es el centro donde se verifica esa operación vital tan indispensable que es la fusión de los deseos y de los sentimientos, donde los deseos se purifican y los sentimientos se afinan, el vaso de la unificación de todo el ser.

Y así, movimientos que parecen contrarios, como el pedir y el ofrecer, el llamar y el escuchar, vienen a ser como la sístole y la diástole del corazón. Se descubre también que son convertibles: que el que pide, muchas veces da, que el que ofrece, recibe. Se establece la circulación de los bienes, desde los bienes llamados materiales hasta los más invisibles, sutiles y luminosos bienes. La circulación que el movimiento del corazón establece trasciende, por la esperanza, todos los dominios de la humana vida.

Llevados por la metáfora del corazón hemos pasado del segundo paso, el de la llamada y la invocación, al tercero, el del don, ofrenda y, si llega el caso, sacrificio. De la palabra no dicha hemos pasado al ruego no formulado por falta de esperanza, al gemido que se acalla, al don que no se ofrece. Es como un paso más, que se da insensiblemente, sin grande esfuerzo. Pues que la esperanza va *in crescendo,* se alimenta de su propia labor y se recrea en sus propias obras. Y su más cierta obra es la del ser que vive; prueba verídica del no-engaño de la esperanza.

La esperanza, y en sentencias bien clásicas, ha sido calificada de engañosa, de ciega. Mas los textos donde originalmente así se la presenta corresponden al pesimismo griego más acentuado, en que la esperanza se confunde con la *hybris,* con la arrogancia, ella sí, en verdad, ciega.

La esperanza puede aliarse también con la ilusión, puede dejarse vencer, apenas nacida, por la avidez de logro, por la impaciencia, y decaer convirtiéndose en ilusión, en la ilusión que se alimenta de espejismos en los que la propia ansia se refleja. Lo cual sucede cuando ese segundo paso que hemos señalado tiene una sola dimensión, la del recibir. Cuando de verdad la esperanza se dirige a ofrecer, puede ir más allá de lo que la razón común presenta, mas sin crear espejismos, porque, o va en la oscuridad –en la *noche oscura*–, o en la luz directa de la verdad no aparente. Y no esclava de la luz refleja.

Pues que hay una esperanza que nada espera, que se alimenta de su propia incertidumbre: la esperanza creadora; la que extrae del vacío, de la adversidad, de la oposición, su propia fuerza, sin por eso oponerse a nada, sin embalarse en ninguna clase de guerra. Es la esperanza que crea, suspendida sobre la realidad sin desconocerla, la que hace surgir la realidad aún no habida, la palabra no dicha: la esperanza reveladora; nace de la conjunción de todos los pasos señalados, afinados y concertados al extremo; nace del sacrificio que nada espera de inmediato, mas que sabe gozosamente de su cierto, sobrepasado, cumplimiento. Es la esperanza que crece en el desierto, que se libra de esperarnos por no esperar nada a tiempo fijo, la esperanza liberada, la de la infinitud sin término que abarca y atraviesa toda la longitud de las edades.